# 5日間で教師の話し方を変える本

池畠彰之［著］

明治図書

# まえがき

「話し方って本当に難しい……どこで教えてくれるの？」

そんな悩みを、多くの皆さんがお持ちではないでしょうか？

そして、その難しい話し方を、いとも簡単そうに、楽しそうにしている人がいることもまた事実です。これは、クラスや、会議でのプレゼンの話ではなく、普段人と話す時のことです。「あんな風に笑顔で話ができるといいなあ。私が話すごとに相手がどんどん質問してくれて、そして今度は相手が楽しそうに話し始める。そんな話し方ができたらなあ」と何度も思いました。

子どもの頃の筆者は、大人になればいつかそんな話し方ができるものだと思っていました。ですが、ただ単に年を重ねるだけではそうはなりませんでした。諦めの悪い筆者は、教師になって、「飲み会や、普段の話し方は下手でも、授業となればそうじゃない。授業の話し方は違うんだ」と心のどこかで思っていました。しかし、そんなにうまくはいきませんでした。よく、芸能人で「普段は人見知りだけど、コントになったら超面白い」などという人を見て、陰ながら自分もその部類では……と淡い期待をしていました。でも、現実は全く違います。そのような芸能人は、人見知りの性格をカバーするくらいの、血のにじむような努力をしていただけなのです。

そうして筆者はようやく、「話し方を磨かなくては」と気づきました。

こんな筆者です。「話し方が分からない」「授業でなかなか言っていることが伝わらない」と少しでも危機意識を持たれて、この本を手に取ってくださった皆さんの方が、その時点で筆者よりも上の段階にいます。

これから筆者と一緒に悩んでいきましょう。そして筆者が、授業での話し方をどう考え、どう磨いてきたのか。そんな拙い話に付き合ってください。

どんな技術も、練習、鍛錬が必要です。自然にうまくなることはありません。毎日公園でボールを投げていたからといって、プロの野球選手になれる人はいません。公園でボールを投げ続けるのと、野球で通用するボールの投げ方とは違うからです。かつて筆者が期待していたことは、「公園でボールを投げ続けていたら、いつかうまくなるだろう」と言うに等しいことでした。

野球で通用するためには、まずどこに投げるのかが分からないといけません。アウトカウントによって投げる場所も変わります。また、場所によってはあえて投げてはいけない場面もあります。このようなことを使い分けられる人が、ようやくレギュラーになれます。そして、そこから先のプロ野球では、さらに様々なことに磨きがかかります。

野球にたとえてお話ししましたが、確実に言えることは、話し方も練習すれば練習するほどうまくなるということです。年とともに、なんとなくレベルアップすることを待っているだけではダメです。

ですから、練習をしましょう。そのために必要なことを、本書では五つの章にまとめて書いてみました。

もちろん、筆者も目下修行中の身です。全く偉そうなことは言えません。

この本では、そんな筆者の多くの失敗談も交えつつ、傷だらけになりながら、どうやって学んできたか、どうやっていいモデルを探してきたのかを書いたつもりです。こんな筆者でも、長年教師という仕事をしてこられたのです。そして長くやっていると、時に楽しく、自分で祝杯をあげたくなるような時も出てきます。

ですから、もっと熟達した方で、筆者よりもいい練習の仕方、修行の仕方を知っている方は、是非教えてください。また、多少批判的な視点で読んでいただけると、筆者も再び考える機会がいただけます。

話し方がうまくなると、何より、その話を毎日聞く子どもたちのためになります。先生の話がよく分かるようになると、多くの子が学校に来ることが楽しくなります。そんな教室をつくっていきたいと思いませんか。

話し方が身につけば、子どもの姿勢も変わります。信頼感も変わります。すると、自分の仕事も楽しくなります。話し方を変えると、職員室でも提案が通りやすくなったり、学年が違う先生とも話が合ったりするようになります。

今日も多くの教室で、生徒や児童の明るく楽しい声が飛び交っていることを祈りつつ。

それでは参りましょう。我々教師も、明るく楽しい、話し方の修行の旅へ。

2024年10月

池畠　彰之

Contents

## Day 2 「注目」を味方につける 48

## Day 3 「話し方」を学ぶ 84

## Day 4 「目」で伝える 118

# Day 1

# 「よかれと思って」を見直す

## Day 1 「よかれと思って」を見直す

教師は皆、声量が大きいものです。教室で、大勢を相手に声を出すことが多いからです。教室だけではなく、時には少し広いホールで、時には広い体育館で、時にはとても広い運動場で、児童・生徒に声を届かせなくてはならないからです。蚊の鳴くような声では、誰も話を聞いてくれません。だから、大きくなってしまうのです。

でも、大きな声を出し続けていると、そのうち口調が変わってきます。乱暴な口調になったり、怒鳴り口調になったり。始業式では優しい声をかけていた先生が、なぜか「いい加減にしなさい」「何度言ったら分かるんだ」と、語尾も乱暴になってきます。

ドラマの熱血先生ではありませんが、いつもいつも大きな声ばかり出されていては、聞いている方も迷惑です。「それが私のキャラクターなんだ」「いつも元気でいたい」……それは、言ってしまえば個人の勝手な意識です。聞いている人は困っているかもしれません。熱血先生が元気に大声を出すのは、ドラマの世界だけにしておきませんか。

では、私たちはどうするのか。**自分の話し方を変えていく**のです。自分の話し方の改善にフォーカスしていきましょう。まず1日目です。

STEP1 話を聞かない子を叱るのを見直す
STEP2 「大きな声」と「よく通る声」の違いを見直す
STEP3 よかれと思って子どもを監視するのを見直す
STEP4 授業言葉と休み時間言葉を使い分ける
STEP5 言い方に気を遣う
STEP6 「間違い」を認める声かけをする
STEP7 「注意」ではなく「こうして欲しい」の声かけをする
STEP8 一日の終わりの声かけは「楽しかった。また明日」

# 1 話を聞かない子を叱るのを見直す

## 話を聞かない子は、最高の自分の教科書という意識

クラスに話を聞かない子がいると、指導している身としては「なんだ、この子は」と目が行ってしまいます。ひどい時には、その子を中心に怒ってしまうこともあります。また、授業を聞いていない子はたいてい、ただじっと黙っているわけではありません。となりの人と喋ったり、となりの人にちょっかいを出したり、絵を描いたり。今であれば、ＧＩＧＡ端末（パソコン）を勝手にいじっていたり。こういう子がいると、授業者としてイラッとしてしまうものです。特に、大事な話をしている場面ではなおさらです。

しかし、そこを一歩下がって考えてみてください。ミュージカルを観に行った時、誰かがおしゃべりをしていますか？　場内は開始ベルが鳴るとシーンとなります。次に舞台に出てくるのはどんな役者なんだろう。何を言うのだろう。どんな曲にのって登場するのだろう。お互いに話さなくても、場内の静寂にはそんな期待が満ちているのが分かります。そういう場面でおしゃべりやちょっかいを出す人はいません。

大相撲を観戦した時もそうです。化粧まわしをつけた力士が登場し、行司が案内するまで、あの国技館が一瞬シーンとなりました。これも、見る側に期待があるからでしょう。

では、授業はどうか。そこまで見る人、聞く人に期待を持たせる授業ができているかといえば……筆者も含め、多くの方ができていないのではないでしょうか？

もうお分かりですね。**「話を聞かない子」のせいにする思考ではなく、「期待される授業」ができていない自分（教師）を振り返る思考にしなければならない**のです。

教師はしばしば、「壇上の賢者」のような感覚に陥ります。話を聞けない子に対して、叱って聞かせようとしてしまいます。もちろん、場面によっては叱らなければならないこともあります。例えば、火事や地震で避難をする時、子どもがしゃべっていては大事な指示が通らず、危ない目に遭わせてしまいます。

ですが、普段の学習では、教師は準備ができるはずです。そこで、叱るのを一旦やめてみるのです。すると筆者は、二つのことに気づきました。

①子どもは集中力が続かない
②話には変化をつけなければならない

この二つです。子どもの集中力が続かないということは、長い話は聞くことができないということです（中には、長い間集中できる子もいますが、多くの子は続きません）。話を短くまとめる工夫をしなければなりません。

例えば、給食の後に教室の掃除を始める場面。あなたなら、何から指示を出しますか？

机を前に向けて、ごちそうさまの挨拶をしたら給食当番は食缶を片付けるのですよ。その前に机の上にふきんが全員ないことを確認しなさい。

このような指導をしていたら、子どもは混乱します。指示が一気に四つも入っているのです。これは、教師が話を整理できておらず、ただ思いついたままにダラダラと言っているだけの状態です。この言葉で、子どもはどのくらい指示が聞けるでしょうか。せいぜい、

「机を前に向ける」くらいでしょう。ですから、**短い文で区切る**必要があります。

**ごちそうさまの挨拶をします。机を前に向けます。**

これだけ言うと、さっと机を前に向けます。指示が一つだけだからです。ほとんどの子ができたら、「次に、給食当番は出てきなさい」と指示します。ここでも一つの指示だけなので聞くことができます。そして給食当番が揃ったところで「ごちそうさまでした」と挨拶すればいいのです。「ほとんどの子」と書いたのは、**全員が揃うまで待つ必要がない**からです。一部の子が揃っていないのを、他の全員でいちいち待つことをしていては間延びします。それに、一部の遅れてしまう子は周りを見て気づくものです。

**指示を細かく区切る**。この工夫だけでも、子どもは話を聞きやすくなります。

## Point

- 子どもは集中力が続かないということを知ろう
- 話を短く区切ろう

# STEP 2 「大きな声」と「よく通る声」の違いを見直す

## 人に聞かせるには

大きな声は、怒りの感情につながってしまうことを先に書きました。野球の応援に行くと、そんなことがよくあります。はじめは自分の贔屓の選手を応援し、「打てー！」「ここで一本！」などと声を出しています。しかし、野球は失敗が多いスポーツ。選手が思うように打てずにアウトになってしまうと、「何やってんだ」「ここで一本出せれば」など、どんどん自分の声がやじに近くなってしまうことに気づきます。野球観戦に限らず、スポーツ観戦の経験のある方は、似たようなことはありませんか？

**大きな声とは、警告音に近い**ものがあります。聞いている側にとっては、決していい気持ちがしないことが多いものです。

筆者にも苦い経験があります。授業で話していると、頭を抱えるような恰好になっている子がいました。具合が悪いのかなと思って様子を伺いに行くと、「先生の声が大きくて耳が痛い」と。その子は耳を塞いでいたのです。場に適した大きさの声を出せていない自分を反省したことを覚えています。

そんな経験の後、教員の勉強会に出た時のことです。あるベテランの女性の先生が、実践報告をしていました。その会は20人くらいで、勉強室を借りて行っていました。その先生は、決して大きな声ではありませんでした。しかし、後ろまでよく通ってくる声なのです。先の筆者の声と違って、聞く側も怒られているような感覚に陥ることなく、話を聞き続けることができます。この声を真似しようと思いました。

それから、放課後の教室で（時には体育館で）、ＩＣレコーダーを持ち、自分の声がどこまで通るのかを聞きました。体育館で一人で自分の声を聞くと、不思議な感覚になりました。なぜか、子どもの声のように聞こえるのです。「なんだ。俺の声はこんなもんか」と、情けなくなりました。

そうしたことを経て、「大きな声」と「通る声」の二つを研究しました。自分ができる・できないは後回しにして、自分が目指す声を見定めたのです。

目指す声が分かると、普段の話し声も意識するようになります。声の質は人によって違

います が、筆者の場合、bass の音に近い、低い声を出すとよく通ることが分かりました。「大きい声」というより、「ひびく声」を使うと、子どもたちがハッとしてこちらを向くことがありました。

ある研究授業では、参観された方から「池畠先生の声は、教室内で低くてよく通りますね」と褒めていただいたこともあります。その時は嬉しかったです。

皆さんも、まずは声を意識してみてください。ＩＣＴ化が進もうと、資料の活用が叫ばれようと、やはり**我々教師が、声を使わない日はない**のです。毎日毎日子どもが聞いている声。そこを意識しない手はないのです。

ある劇団の方と話したことがあります。舞台が終わり、その方のところへ行くと、とても興奮していたのでしょう。息を切らせながら、演じていたことの感想を述べていました。ただ、その話し方が、まるでまだ舞台に立っているようだったのです。あまりに可笑しくなって、「すみません。もう演目は終わっていますよ」と言うと、「すみません。つい、舞台の空間で話すとこうなってしまうのです」と返されました。

しかし、その声はどこか、脳に直接入ってくるような、はっきりとした声でした。さすがは役者です。声ひとつで、劇場にいるお客さん全員を、別の空間に連れて行かなくてはいけない。役者の声とはそんな存在だということを教わりました。

私たち教師も、そうありたいですね。国語なら物語の世界、算数なら数の世界、時には宇宙の中にまで連れていくような、声。私たちも使い分けていきたいです。

そのためには、**自分の声を知りましょう**。そして、**目指したい声も知りましょう**。

そうすると、声は本当に変わってきます。今日から、「いい声」を目指して、各教室でいろいろ試していってください。

そして素敵な声で子どもたちに授業を届けてください。

## Point

・自分の声を聞いてみよう
・目指す声に向けて、自分の声をトレーニングしよう

# 3 よかれと思って子どもを監視するのを見直す

## 子どもの行動は、見て、褒める

移動教室で音楽室へ移動する時や、体育館へ移動する時、読者の皆さんは何から始めますか？

席を立たせる。廊下に並ばせる。この時、必ず子どもはしゃべります。すると、担任の先生の怒声が飛んできます。

静かにしなさい。○年生らしくない。

なぜ、このような怒声を発しなければならないのでしょうか。廊下に並ぶ時の多くは、授業中です。そうなると、授業を受けている他のクラスがあります。そこに、わいわいしゃべりながら出てくると、他のクラスの授業の妨害になってしまいます。
……と、このくらいの理屈は誰でも考えます。では、仮にその日は、他の学年が校外学習でいないとします。他の教室には誰もおらず、シーンとしています。これなら、しゃべっていいのでしょうか？

このあたりの根拠を明確にしておかなければ、いつまでも「廊下に出たら怒る先生」になってしまいます。そして残念ながら、廊下に並ばせる時も、朝会で校庭に並ばせる時も、多くの先生のやっていることが**「監視」**になっています。何かしでかすのではないかという目で常に見て、少しでも隣の子にちょっかいを出す子がいればその子の所へ行き、注意が始まります。

気持ちは分かります。廊下に出て並ぶ、朝会で全校児童と一緒に並ぶ、このような場面でいつまでもダラダラと集団がしゃべっていては、会が始まりません。聞く人にも迷惑になってしまいます。そうこうしているうちに、同僚から「○○先生、もうちょっと並ぶ時静かにできませんか」などと注意されてしまいます。

しかし、そうならないために叱るのが、果たして先生の役割でしょうか。**教師ならば、**そして、きち**なぜ静かに並ばなければならないのか、子どもに教えなければなりません。**

んと並んでいる子、静かに並んでいる子を「すごいねー」「とっても立派だ。先生大好きだ」などと褒めて価値づけてあげるのです。そうすると、見ている子も、「僕も褒められたいな」という気持ちになります。

低学年なら先に述べたような言葉でもシャキッとなりますが、高学年ではそうもいきません。高学年では歴史を学習していますから、偉人の名前を出して、

・○○さん、まるで織田信長だ。直立不動で話を聞こうとしている。
・○○さん、聖徳太子のごとく全ての話に耳を傾けている。

などと伝えるのもよいでしょう。また、野球の好きな子に対して、

松井秀喜は、まず人の話を聞くことから始めたらしいよ。だからあれだけ野球ができたんだって。誰が松井になれるのかな。

と言いながら、しゃべっている子のそばを通ったこともあります。すると、さっきまで好

き放題しゃべっていた子がスッと気をつけの姿勢になりました。

これは、私が考え出したことではありません。私が若い頃、とても上手に子どもを並ばせる先生がいたのです。その先生は、ガミガミ怒るのではなく、暖かく子どもに目を向ける先生でした。でも、校庭でいつも子どもがきちんと並んでいるのです。

その先生はまず、子どもを本当によく見ていらっしゃいました。そして、その子に合った声をかけていました。監視のような目で見るのではなく、「今日は何か嫌なことでもあったのかな～」とでも話しかけるような目で見ていました。

監視してしまうのは、「教師の都合のいいように子どもが動かない」のように、教師目線の思考になってしまうからだと考えます。そうではなく、**子ども目線**で考えれば、どんな声かけをすればいいのかを普段から考えられるはずです。

**Point**

・子どもをよく見る
・その子に合った声かけをする

# 4 授業言葉と休み時間言葉を使い分ける

## 授業中の言葉と休憩中の言葉、一緒でいいの？

授業中には、指示をしなければいけません。発問をして、児童の思考を呼び起こさなければなりません。この時、教師の言葉は休み時間と同じでいいのでしょうか。その点を見直さなければ、聞いている子どもも、いつまでも頭が休み時間モードから抜け出せません。例えば、3時間目の授業の開始。どんな言葉で始めますか？　ここで、子どもたちがざわざわしていていつまでも話を聞かないようでは、話し方に問題があるか、授業の組み立てに問題があるかのどちらかです。

授業開始の指示一つとっても、「教科書を出そうね」「教科書を出しなさい（にこやかに）」では、緊張感が違います。「教科書を出しなさい」などと言うと、少しきついと感じるかもしれません。しかし、これは指示なのです。**指示は、やることを端的に明確に示さ**

**なければなりません**。ダラダラと友達口調で言うのであれば、教師でなくてもできます。そんな言葉に子どもが耳を傾けるでしょうか。

もちろん「親しみやすい」「優しい」などの意見もあるでしょう。しかし、**授業行為とは本来、隙があってはいけない**のです。教師のリズム、テンポでどんどん進めていかなくてはいけません。それを「教科書を出そうね」「え、まだ」「出してね。そうしないと授業始められないよ」のように、家の部屋にいるような感覚で話しかけていては、リズムはめちゃくちゃになります。一部の話を聞かない子に授業のリズムが乗っ取られるのです。

そうなると、せっかく先生の話を聞いて、授業を受けよう、今日は何を学ぶんだろうと準備をしていた子はどうなるのでしょうか。教師が、話を聞かない子に気を取られたり、やり取りをしたりしている間、待っているのでしょうか。

これは全く理屈に合いません。

ここは、学校でみんなが授業を受ける場面なのですから、授業の時間になったらサッと授業モードにしなければなりません。そのためには、教師が言葉を変える必要があります。**ただし、にこやかに**です。厳しい顔をして言う必要もありません。

## 授業の始め方

授業のリズムと書きましたが、これを意識できている先生は、授業開始から違います。休み時間が終わって授業に入る時、ざわついているのは当たり前です。そこを授業モードに、しかも楽しく持っていくのが教師の腕の見せ所。いろいろなやり方があるでしょう。

- 国旗のフラッシュカードを出して、「（教師）これは？」「（子ども）アメリカ」「（教師）これは？」「（子ども）ブラジル」と、たたみかけるように始める方法
- （外国語の授業で）いきなり「ハローソング」から始める方法
- （低学年で）「はてなボックス」を先生が教室に持ち込んで「何が出てくるでしょう？」と子どもの興味を惹きつける方法
- （算数の授業で）「百玉そろばん」をみんなで行う方法

そんな中で、授業の始め方が上手な先生方に共通しているのは、**「言葉が違う」**ということです。休み時間には、一緒にドッジボールに参加して、「くっそー。もうちょっとで

当ててやったのに」と悔しがったり、鬼ごっこで「逃げても無駄だぞ」と子どもを追いかけたりしていた先生。それが授業では、「教科書を開きなさい」「今日は資料集から始めます」と、必ず締まった言い方になることで、さっきまで遊んでいた子どもたちがグッと聞き入ります。これも技の一つです。

学校生活は、授業、休み時間、給食、掃除など、様々な場面があり、子どももその時々で、緊張する場面、緊張が抜ける場面があります。**そこを教師が使い分けて、場面分けをしてあげる**のです。

そのためにも、授業になったら丁寧語を使うなど、言葉遣いを変えていく必要があります。中には、「〇〇さんがおっしゃることに賛成の方」「私から申し上げることは」のように、授業になったら尊敬語や謙譲語を使っていた先生もいました。もちろん、先生の個性もありますから、真似できないこともありますが、そのくらい教師の言葉は大事なのです。



## Point

- 休み時間は「話し言葉」、授業中は「丁寧語」を使う
- 話し方のリズムを意識する

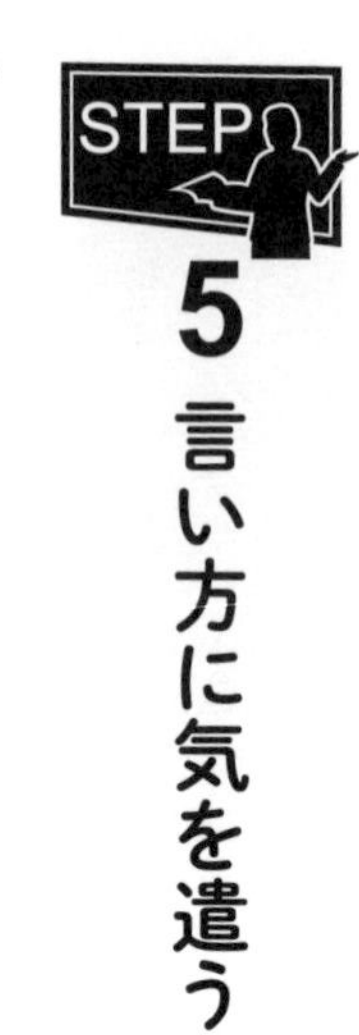


# 5 言い方に気を遣う

## 子ども相手だからこそ言い方に注意

「子ども相手」という言葉の背景には、「子どもだから分からないだろう」という考えがあります。でも、もしこの考え方を持たれている方がいるとしたら、今すぐやめることをお勧めします。**子どもは人を見る天才**だからです。大人の嘘は、すぐ見抜きます。例えば叱る場面ならば、「ただイライラをぶつけているだけ」なのか、「主任、教頭といった上司に『叱らないとだめだ』と言われたから叱っているだけ」なのか、はたまた「本当に危ないことをしたから叱られている」のか。

かつて私が、妻の誕生日が近いことが気になって、どうしようと思いながら通勤していたことがあります。すると朝に早速、子どもに言われました。「先生、何か悩んでいるでしょ」と。また、出さなければいけない書類について、前日に主任に言われて悩んでいた時もそうでした。こういうことって、隠してもダメなんですね。

あまりにも見事に言い当ててくるので、ある日、「実は、悩みはあるよ。しかも特大の悩みがね。でも、それを隠そうと一生懸命に笑ったり、歩きを早くしたりしていたのに。どうして分かったの？」と聞いてみたことがあります。すると、衝撃の答えが返ってきました。「見てれば分かるよ。だって目が笑ってないもん」と言うのです。

まさにその通りでした。目は笑えないのです。子どもは、こうした観察が実は大人より鋭いと感じています。

## 自問自答する

頭で分かっていても行動が離反してしまうという事例の一つとして、以上のことを書きました。しかし、**言い方に気を遣うことで、このように悩んでいることも、少しは隠すことができます**。

そのために、言い終わった後、「今の言い方で合ってたよな」と自分に言い聞かせるようにします。例えば、「この手紙、配り当番が配っといて」と言った後、今の「配っといて」でよかったよな。あ、いつ配るのかも言えばよかった。今配るのか、１時間目が終わってから配るのか。

のようにです。自問自答していると、もっとこうすればよかったというヒントが度々落ちてくるのです。すると、手紙を配るなどという場面は毎日のようにあることなので、次に言う時に気をつけるようになります。こうすることで、言い方がアップグレードされていきます。

いろいろな指導場面を見ていると、思いついたままのことをただ言っている場面が多いように感じます。例えば、運動会の全体練習で、体操の隊形に移動する場面。

これから体操の隊形に移動しましょう。その前に前の人との間隔を広げましょう。あ、ごめん、背の順になってるよね。

これなどは、思いついたまま言っている典型です。しかも、全校児童を前にした場面です。言うことを整理して言わないと大勢が迷惑します。

　では、言い方に気を遣うと、この場面はどうなるでしょうか？

「全クラス、背の順に並びなさい」。それができたら、「これから体操の隊形を練習します。前後の間隔を空けます。前、後ろに両手を広げます」「手がぶつからないところまで下がります」。ここまで指示すると、子どもは前後に手を広げて、そろそろと後ろに下がります。そして、言った後自問自答です。「今、『前後の間隔』と言ったけど、『前の人との間』の方が分かりやすかったか」と。これだけでも随分指示が分かりやすくなります。言い方に気を遣えば、指示がスッキリします。そうすると、聞いている子どもも「今は、○○をすればいいんだな」と分かりやすくなるのです。結果、**子どもを怒るような場面もなくなっていきます**。なぜならば、やることが明確になっていると、ちょっかいを出したり手遊びをしたりする確率が減っていくからです。

**Point**

・自分の言ったことに自問自答してみる
・言うことを短くしてみる

# 6「間違い」を認める声かけをする

## 「間違い」をどのように捉えていますか？

人は間違う生き物です。とはいえ、人の間違いについイラッとしてしまうことはあります。教室の中では、いろいろな間違いが起こります。朝の会をしたいのに日直が出てこない。給食の時間なのに給食当番がいつまで経っても準備をしない。宿題が提出されていない。さて、そんな時に、皆さんはどう声かけをしますか？

・日直の仕事は朝の大事な仕事だろ。何度言ったら分かるんだ。
・給食当番が出てこなかったら給食が始まらないだろ。

このような声かけを、筆者は何度も聞きました。かく言う筆者自身も、かつてはしていました。しかし、これらは真実でしょうか？　日直がなくても、一日の生活は始められます。日直がないと学校生活が始められないとはどこにも書いていません。ただ、**多くの教室で、「子どもの日直によって一日の生活を始める方が、子どもの教育上よい」と判断しているからやっている**のが事実です。

給食当番もそうです。全て担任がやると少々大変ですが、できないこともありません。これも「教育上必要だから定めている当番」に過ぎません。

それに、考えてみてください。月に一度くらいやるこれらの当番。時にはうっかりして始めるのが遅くなるのも仕方ないではありませんか。我々大人だって、月に一度しか回ってこないもの（例えば校舎の見回り当番。飼育小屋があるところでは飼育当番などもあるでしょう）を、必ずきっちりできますか。ついつい忘れてしまっていたり、やり方を間違えていたりするということも多くはありませんか？

であれば、目くじらを立てて叱るばかりが教育ではないと思うのです。

**自分が間違えてしまった時、どんな声かけをされるとホッとしますか？　反省できますか？**　そんな視点で考えてみましょう。

例えば、校舎の見回り当番を、うっかりしていてやり忘れてしまった。そんな時に、他の誰かが見回ってくれたことを後から知ったとします。

さて、どうしますか？　こんな時に、「大丈夫だよ。よくある間違いだから。僕も昔やっちゃったんだ」などと言われるのと、「(しかめ面で) 困るねー。みんな仕事があるんだからさ。みんなの時間を君が奪ってるんだよ。そこは反省しなよ」と言われるのとでは、どちらの方が素直に反省できるでしょうか。

「みんな仕事があるから、みんなの時間を奪ってる」。これは確かに事実です。でも、「それをいちいち言わなくても……」と感じませんか？

私は圧倒的に前者です。それどころか、前者のように言われたら、「今度お礼をしなくちゃ」と感じます。逆に後者のように責め立てられたら、「言いやがったな。でも、あんたは一部の隙もなくやるんだな。見ておくからな」と挑戦的な感情が湧いてきてしまいます。**間違い一つでも、声かけで相手が反省できるか、敵になるかが変わってきます。**

## 教室では、どんな声かけになっているか

さて、教室に視点を戻しましょう。先ほどの子どもの間違いへの声かけは、責めるような言い方になっていませんか？

・朝、日直が出てこないと始められないよ↓○○さんの日直、先生は見たいな。
・また宿題忘れたのか。↓仕方ないね。忘れてしまうこともある。明日はやってきなよ。期待しているからね。

文面だけでも、随分教室が明るい雰囲気になってくる気がします。それにきっと、このような言葉を発している先生の表情も、とても柔らかいものになっていると思うのです。

責め立てる声かけではなく、**一旦受け止める声かけ**にしましょう。そして、次も間違えてしまったら、その次の声かけを考えましょう。いちいち責め立てるのはよくありません。大人も間違うのですから。そのことをよく心に刻んで「間違い」に対して考えると、随分寛容な気持ちになれませんか？

## Point

・「間違い」を受け入れよう
・「次は頼むよ」という声かけをしていこう

# 7 「注意」ではなく「こうして欲しい」の声かけをする

## 「声かけ」を声に出す前に一旦考える

「みんな声かけをする前に考えているのは当たり前じゃないか」とお叱りを受けそうです。しかし、言われた相手がどう感じるか、そもそも何のために声かけをしているのか、といったことまで考えて声かけをしている方は、少ないのではないでしょうか。

では、そうでない方は普段、どんな声かけをしてしまっているのか。筆者から見て、それは**「よかれと思ってやっちゃっているけどあまりよくないこと」**なのです。

廊下を走ってはいけません。

この声かけは、何を望んでいるでしょうか？

目的を考えてみてください。廊下を走る子どもに対しての声かけであれば、その子が廊下を歩いたら一つ成功です。また、声をかけたその場面だけではなく、教師が見ていないところでも歩いていたら大成功ですね。本来は、そうなっていく声かけをしたいものです。ここを考えなければ、「廊下は走ってはだめ」「危ないだろ」「走るな」と、だんだんと乱暴な言い方になっていくばかりです。果たしてこの声かけで、子どもが廊下を走らなくなるのでしょうか？　もし、走らなくなったとしても、ただ恐怖心でその場を歩くだけのことです。

## 望ましい行動を言う

廊下を走っている子どもに対しての場合、「歩く」ことをさせたいわけですよね。であれば、「歩く」というワードを入れて声かけしてみてはどうでしょうか。

歩きましょう。／まだ、間に合うから歩こう。／学校は狭いから歩いてね。

他にも、掃除をしない子どもに対してであれば、ほうきは横に掃いてね。／雑巾は両手でかけよう。

の方が、「掃除をサボるな」より行動に移せそうですね。
また、授業中、漢字を書きなさいと指示しているのに手遊びをしている子どもには、

（ノートを指さして）ここに漢字を書くんだよ。

このように、**どんな行動をさせたいのかをイメージできる声かけ**が大事です。こうすると、「いつもガミガミ怒る」ことをしなくても学校生活ができると思いませんか。
声かけは本来、緊急になる前に行うことです。ですが、普段から何も考えていないと、つい注意の声かけばかりになってしまいます。そうならないためには、望ましい声かけができるように、時々ノートに書いてイメージトレーニングをすることも有効です。

「走るな」↓「歩こう」
「騒ぐな」↓「口を閉じよう」
「隣の人と話すな」↓「へそを前に向けよう」

普段からこうしたことを書き出しておくと、日常場面でもその言葉が出ることが多くなります。

「こうして欲しい」の声かけ一つであっても、普段からのトレーニングが大事です。職員会議が始まる前、放課後、職員室に帰ってきた時、研修が始まる前、そんなちょっとした時間にでも、こうしたトレーニングをやってみてください。

**Point**

- どんな行動をさせたいのかがイメージできる声かけをする
- 「こうして欲しい」の声かけをトレーニングする

# 8 一日の終わりの声かけは「楽しかった。また明日」

## とにかくいろいろなことが起こるのが教室

「また、○○さんと喧嘩したの」「物で人を叩いちゃダメです。怪我するよ」など、とにかく怒らなければいけない場面も多いのが教室です。何せ、30人前後も人がいるのですから。怒っていると、教師の心もささくれだってきます。

「またあの子、何かするんじゃないか」「いい加減にしろよ。自分で考えて行動しろよ」……心の中がこのような言葉で占められていると、辛くなります。筆者も初任者の頃、よく「先生、もっと笑って」「そんなに怒っていたら子どもが離れちゃうよ」と言われました。それはそうなんですけど……。

## 分かっちゃいるけど

教師側にも言い分があります。まさに「分かっちゃいるけど」です。分かっちゃいるけど、乱暴をする子を放っておくと誰かが怪我する。分かっちゃいるけど、いつも笑顔だと舐められてしまう。分かっちゃいるけど、さっき注意したのに、もう喧嘩している。

書いていても辛くなります。本当にこういうこと、よくあるのです。さて、そんな時の自分の顔を鏡で見たことがありますか？　きっと、そんな余裕もないことでしょう。

筆者は何度かあります。怒ってしまって、落ち着くためにトイレに行くのです。その時トイレの鏡で自分の顔を見ました。いつもの細い目が、人を刺すような目つきでした。まるで指名手配犯でした。

このような状態をどうすれば打開できるのかと、真剣に考えたことも何度もあります。そんな時、あるベテラン先生からこの言葉を聞いたのです。

**一日の終わりには、「楽しかったね。また明日」と言って別れる。**

## 魔法の言葉「楽しかったね。また明日」

どうしようもなく落ち込んだ時にも、「楽しかったね。また明日」と言ってハイタッチ。これ、言ってみると分かるのですが、「明日は楽しく過ごそう」という気持ちになるんです。そして、その気持ちを持ったまま、次の朝も子どもを迎えることができます。

当然、表情も柔らかくなります。朝のうちなら、まだ子どもたちも悪さをしていません。その時から、笑顔で「昨日、帰ってから何して遊んだの」「昨日もバレエの習い事あったのか。頑張ってるな」と声かけができるのです。そして一日の中でも、「悪かったこと」より「楽しかったこと」「よかったこと」を探し始めるのです。まさに筆者にとっては魔法の言葉でした。

ここには、東京ディズニーランドに学んだことも加味しています。あの施設は、人を楽しくさせようという工夫に満ちています。その一つが**声かけ**なのです。お土産を買ったり、食べものを買ったり、アトラクションに乗ったり。お金を払う機会がたくさんあります。その時、「〇〇円になります。はーい、いってらっしゃい」と、キャストの方々が必ず言ってくれるのです。この一言は、言われると気持ちいいです。楽しいことが待ち受けているんだと感じます。

驚いたことに、閉園30分前に、ギリギリアトラクションに滑り込んで乗った時にも「ようこそ、〇〇へ。はーい、いってらっしゃい」と言われました。最後の最後まで楽しんでくださいねというメッセージが伝わってきました。

こんな空間を教室で再現できたらどんなにいいだろう。子どもたちはどんなに嬉しいだろう。そんなことを考えていた矢先、先のベテラン先生に、何があっても「楽しかったね。また明日」と言うことを教えてもらったのです。これは、ぜひ使ってみてください。教室が変わると思います。

また、これ以上に楽しくなるような別れの言葉があったら教えてください。筆者も勉強したいです。

**Point**

・「悪かったこと」より「よかったこと」をイメージする
・「楽しかったね。また明日」と言ってみる

# Day
# 2

# 「注目」を
# 味方につける

## Day 2 「注目」を味方につける

「注目」をされる。読者の皆さんは、このことをどう意識しているでしょうか？

**教師という職業は、子どもに見られる職業**です。服装はどうなのか？　どんなものを身につけるのか？　そうしたことに無頓着だと、子どもから見放される教師になってしまいます。

服装に無頓着でも、それを補えるほどの高い指導技術があるのであれば話は別です。一方で、筆者の見てきた素敵な先生は、指導技術があると同時に大概、着るものや身につけるものにも気を遣われていました。

教師はほとんどの場合、ジャージで指導をします。でも、自分が子どもだったとして、週に何回かでも素敵な服で授業をしてくれる先生と、いつもいつも同じジャージで授業をする先生と、どちらがわくわくするでしょうか。結論は明らかでしょう。

私が毎年、学校にお呼びしている合唱の先生がいます。その方は、秋と春に合唱指導に来てくださいます。秋には紅葉がプリントされているシャツを着てこられ、春に卒業式の歌を指導する時には桜色のブレザーを着てこられました。それだけで、子どもたちを季節の世界に誘い、歌声も違って聞こえてきました。

もちろん、普段教室で指導をしている皆さんが、いつも服にこだわってばかりはいられないのも分かります。では、どんなことから始めればよいのでしょうか?

STEP1 「どんな格好をしたら子どもは見たくなるか」を考える
STEP2 定期的に洋服を変える
STEP3 身につけるものに気を遣う
STEP4 実物を見せてから話す
STEP5 集会の場で注目を集める
STEP6 「いつも面白いことを言っている」という印象を持たせる
STEP7 「なんだこりゃ」と思うしかけをつくる
STEP8 行事では子どもを目立たせる

# 1 「どんな格好をしたら子どもは見たくなるか」を考える

## アナウンサーでも、劇団員でも……

そもそも、アナウンサーでも、劇団員でも、誰かに見られる仕事をする人であれば、服装を気にするのは当たり前です。春のニュースでは、春らしい服装でアナウンサーやキャスターが話しています。劇団四季のミュージカルではいつでも、俳優が観客をあっと驚かせるような衣装で登場し、観客の心を掴んでいます。

しかし、**学校の先生はジャージ姿で授業をしている方が多い**のが現実です。いったい、なぜなのでしょうか？

理由の一つとして、**咄嗟の対応が必要な状況がある**ということが挙げられます。例えば教室を飛び出してしまう子どもがいた時。いざとなれば、その子どもを追いかけなければなりません。そんな時は、オシャレな服装よりも、すぐに走り出せるジャージの方がいいでしょう。しかし、いつもそうなのでしょうか？ どのクラスもそうなのでしょうか？

子どもたちは、いつも先生の格好を見ているわけです。下手をすれば、一年間同じ服装を見続けるクラスもあるくらいです。本当にそれでいいのでしょうか？

1日目で、**「子どもは大人をよく見ている」**と書きました。いつもはジャージ姿の先生が、授業参観の時には正装をして授業をしている。研究授業が始まる前に、着替えに行っている。このようなことを、子どもたちはよく見ているものです。そして、授業開始と同時にこう言われるのです。

> 先生、なんで今日はそんな格好しているの？ 分かった、授業参観だからいい格好したいんでしょ。

保護者の前でこんなことを言われてしまっては、何とも情けない話です。

## 服装にこだわる

読者の皆さんは、普段どのような格好で授業をされていますか？ もちろん、毎日スーツでというわけにはいきません。授業には、国語や算数だけでなく、図工や書写もあります。汚れてしまうような場面が多いのです。しかしそれでも、何とか服装の工夫はできないものでしょうか？

例えばある日、海色で貝殻がプリントされたシャツを着てきた先生がいました。面白いシャツだったので朝話しかけると、「今日は、図工で海の物語を描くので、子どものイメージを湧かせるためのしかけなんだ」と教えてくれました。実際にその先生の授業を見たわけではありませんが、ここまで意識して授業準備をしている先生の学習は、面白そうだと思いませんか。

小学3年生の国語では、「モチモチの木」という教材があります。その登場人物「豆太」のイラストを大きくプリントし、背中に貼っておいたこともあります。教室に入るなり、子どもは「先生、豆太がいるよ」などと話しかけてきます。その後の国語の授業はとても盛り上がりました。

このように、**服装の中に授業のしかけを忍ばせる**という工夫は効果的です。

もちろんこれらの例は、時々しかできない服装です。筆者は普段、ズボンは汚れてもいいものを履き、シャツを工夫したり、ジャケットを着たりしています。実際に着ているものは安いものですが、ズボンとシャツの色を分けるなど、ちょっとした工夫で「先生、オシャレ好きだね」と言われたこともあります。

以前、尊敬する先輩教師に、「先生はジャージで授業はされないのですか？」とお尋ねしたことがあります。その時いただいた返答は、**「池畠さんは人前にジャージで立つのですか？　私にはできません」**というものでした。それ以来、筆者も授業中はジャージではなく、ジャケットとチノパンといった姿に変えました。そして、ジャケットも最低三、四着は揃え、季節や場面によって使い分けるようにしました。

子どもの目線の先にジャージ姿があるか、ジャケット姿があるか。これだけでも大きな違いがあります。読者の皆さんもぜひ、毎日の服装にこだわってみてください。子どもは見ています。そして、みんな思っているはずです。「素敵な服の先生がいい」と。

## Point

・毎日の服にこだわりを持つ

・服で、授業のしかけをつくる

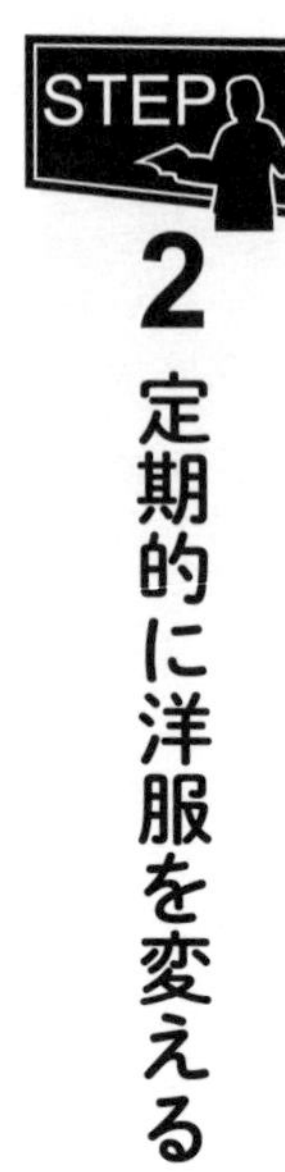

# STEP 2 定期的に洋服を変える

## 季節によって変える・気分によって変える

先述したように、「学校の先生といえばジャージ姿」のイメージが一般化しているように感じます。もちろん、体育の指導や、技術の指導でノコギリなどを使用する場面など、ジャージの方が児童生徒の安全上適している場面もあります。しかし、「いつもジャージ」というのは考え直してみませんか、ということをステップ1では述べました。

そこで、次のステップです。ジャージ以外の服を着るようになったら、次は、その服を**少しずつ変えていきましょう**。

ジャケットの色を変える、アクセサリーを変える……などでもいいですし、お金をかけなくても、シャツの色をその季節らしいものにする、ネクタイを色の薄いものから色の濃いものに変える……といったことだけでもイメージは変わります。**イメージが変われば、**

**子どもたちの見る目が変わります**。そうした「演出」も必要なのです。

ここからは、筆者が具体的にどのように服装を選んでいるのか、一例をご紹介します。なお、筆者はあまり優れたセンスの持ち主ではありません。ご自身で選べるセンスをお持ちの方は、もちろんご自身のセンスで選んでください。

## 夏の色・自分に似合う色

夏の色と言えば、何色が思い浮かびますか？　筆者は水色です。それから、太陽のようなオレンジ色も浮かびますね。筆者は、まずはこのような色を選んで着てみます。

男性の紳士服の店ではだいたい、三着一組などでワイシャツが売っています。**二着は、「これがいい」と思った色**を買います。そして**もう一着は、「自分に合うもの」**を選びます。

インスピレーションで、「この色がいい」と思ったものを買うのは、ある種冒険です。もちろん、無鉄砲に買うわけではなく、必ず鏡で確認し、「よし、行けそうだな」と思ったものを思い切って買います。「変な色」と言われてしまうこともありますが、「それ、夏らしくていいですね」などと言われたなら、こっちのものです。

Day 1
Day 2
Day 3
Day 4
Day 5

「当たり障りのない色」もいいのですが、いつもそればかりでは、どうしても同じような服ばかりになります。子どもたちの見る目を変えるためには、時には、冒険した色を選んでみることにも意味があります。

シャツを選んだら、次にズボンです。教師は仕事柄、膝をつくことが多いので、あまり高いものを買うのはお勧めしません。シャツとは買うお店を変えてみるのもいいでしょう。ここでは、少し安めのお店でもいいので、**シャツに似合う色**のものを選ぶことが大切です。自信がなければ、濃い色のシャツには薄い色、薄いシャツには濃い色、といった程度でかまいません。

ある時、薄い黄色のシャツに、少し濃い紺色のズボンを履いていったことがありました。すると子どもたちに、「先生、ハワイみたい」と言われました。そんなことを言われながら授業をしてみるのも、いいと思いませんか。アナウンサーだって、季節に合った色の服を着て、ニュースを読んでいるのですから。

## 「よく見られたい」は共通のテーマ

そもそも、授業参観や研究授業の日には、どうして普段は着ることのないスーツを着るのでしょうか？　それは、**少しでもよく見られたい**と思うからではないでしょうか。

もしそうだとすれば、よく見られた方がいいのは、普段の授業でも同じことのはずです。見られることを意識した服で授業をすれば、それだけ緊張感が出ます。ジャージでは、授業も緩みます。パフォーマンスに違いを出さないためには、服装のこと一つとっても、普段から気を遣うべきポイントがたくさんあるのです。

**Point**

- 「着てみたい色」「自分に合う色」の服を選ぶ
- 「よく見られたい」と思って、普段から服を選ぶ

# 3 身につけるものに気を遣う

## どんなものを身につけていますか？

ステップ1でも少し述べましたが、このステップでは、**授業のしかけとして身につけるもの**についてお話しします。

例えば、図工の授業で、お化けが登場する絵を描く活動をするとします。男性の教師であれば、そこでお化けの絵がプリントされたネクタイを締めてみます。子どもたちは「なにそれー！」と興味を引かれるでしょう。

そこで、すかさず畳みかけます。

昨日、私はみんなが今日描くお化けに会ってきました。そうしたらお土産にこんなネクタイをもらったんです。だから、今日の図工はそのお化けの話をしてから始めますよ。

このように言うと、子どもは興味を持って聞くことでしょう。そして、お化けを描く時のポイントへと話をつなげていくのです。

女性なら、ネックレスにお化けのモチーフを取り入れるとインパクトがあります。「アクセサリーにお化けはちょっと……」と思うなら、一筆箋を使うのもいいです。例えば、「ゲゲゲの鬼太郎」の一反もめんの形をした一筆箋が売っています。忘れ物をした子に、この一筆箋で「〇〇を持ってくるように」とメッセージを書くと、また大きな反響があります。

こうした工夫を生活に取り入れると、**「今年の先生は何か違う」**と思われるでしょう。頻繁に行う必要はありませんが、要所要所で試してみてください。子どもたちの反応が楽しめますよ。

## 「水着」にこだわる

かつて、長崎の先生の水泳指導を見学したことがあります。子どもたちが次々に泳ぐ姿は圧巻でした。水泳が得意な子もそうでない子も、先生の出す課題に、息を切らしながらも夢中で取り組んでいました。

その時の先生の服装が、またすごかったのです。まるでプロのインストラクターのような水着で、足には水用サンダルを履いていました。見た目ももちろんカッコよかったのですが、それだけではありません。なぜそのような物を履いているのか先生に尋ねると、**「水中で走りやすいからです。水泳は危険と隣り合わせの活動なので、水中でも走って子どもを救助できるためです」**と教えてくださいました。そこまで「水着」にこだわるという発想がなかった筆者にとっては、大変勉強になりました。

このように、子どもの興味を引くという点ばかりではなく、**子どもの安心安全を守る**という点でも、教師が身につけるものへのこだわりを持つということは大切なのです。

## 「靴」にこだわる

さて、皆さんは、どのような運動靴を履いていますか？

私は、外で履く運動靴は**蛍光色**を選んでいます。体育の授業の際などに蛍光色の靴を履いていると、遠くからでも目立ち、子どもたちから先生の居場所が分かりやすくなります。グラウンドで鬼ごっこをする時でも、校外学習の自由時間でも、「範囲」を決めておかなければ、子どもたちはどこまでも行ってしまいます。そんな時、遠くからでも目立つ蛍光色の靴を教師が履いていると、「あ、先生がもう集合場所に立っている」と気づかせることができます。目立つことは重要です。

校外学習であれば、**目立つ色のリュックサック**を持つことにも応用できます。それぞれのやり方を編み出してみてください。

**Point**

- 授業に関連する柄のものを身につける
- 安全を守るために、目立つ物を身につける

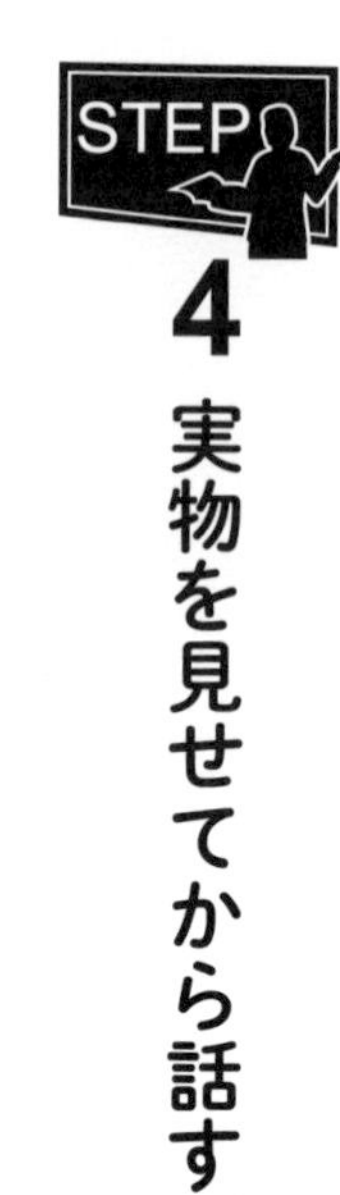


# 4 実物を見せてから話す

## 実物を侮っちゃいけない

授業で、「実物」の効果を実感したことはありますか？　本物を見ることの感激は、言葉では表しがたいものがあります。

例えば、6年生の理科の学習。地層の学習の中で、化石の話が出てきます。しかしこの化石、理科室にはたいがい1個や2個しかありません。もちろん、子どもが直接触ることもできません。そこで筆者は、新宿のお店で、小さなサメの歯の化石がたくさん入っている袋を一つ買って来ました。これを授業で出して、子どもたちにどんどん触らせたのです。すると子どもたちは、もう喜ぶのなんの。理科の学習が非常に盛り上がりました。

子どもたちが授業に集中しないと悩んでいる方は、**まず実物を用意してみる**ことをお勧めします。

## 実物をどうやって準備するのか？

とはいえ、毎回毎回授業で実物を準備できるわけがありません。大事なのは、**ここぞという場面で準備する**ことです。そしてもちろん、**実物を授業に取り入れるねらい**もしっかり定めていなければ、「ただただいろんな物を持ち込む先生」に終わってしまい、授業の目標が達成できません（子どもたちはそれなりに喜んだり、盛り上がったりするかもしれませんが）。

さらに、そもそも実物を持ち込むためには、**どこでどんな物が手に入るのか、借りられるのか、普段からアンテナを張っておく**必要があります。

筆者が尊敬する先生の一人に、実物を持ち込む天才の先生がいました。その先生は、ガンの剥製を教室に登場させました。小学5年生の国語「大造じいさんとガン」の学習で、ガンとじいさんの距離を考えるために使ったのだそうです。本物のガンが教室に現れて、子どもたちはさぞびっくりしたことでしょう。後日その先生に、子どもたちの学習の成果を聞いてみました。子どもたちは、しっかりとした描写で感想文が書けていました。まさに、実物の力です。

ここで気になるのは、どうやってその剥製を見つけ、借りられたのかという点です。先生に聞いてみたところ、神奈川県小田原市にある神奈川県立生命の星・地球博物館に、土曜日に家族で見学に行った際に剥製を借りたそうです。つまり、休日の過ごし方も関わってくるわけです。

また、借りてきた剥製を教室に置く場合も、博物館から借りているものなので、扱いは慎重にしなければなりません。その先生は早朝に教室に行って剥製を置き、授業が終わって子どもたちが帰ったらすぐに年休を取って、小田原まで返しに行ったそうです。一つの授業にここまで労力を費やすことに感服します。

もちろん、ここまでする必要はありませんが、学校の地域に科学館や歴史館がある場合は、「こんな資料を授業で見せたい」「こういう実物はありませんか」と交渉すると貸してくれることがあります。地域の科学館などは「子どもたちに知って欲しい」という思いで展示している物が多いので、その力を借りましょう。ただし、扱いは慎重にしてください。

実物を見せることに関して、もう一つ面白い実践例をご紹介します。小学6年生の社会科の授業で、「田んぼの中から金印が見つかった」という記述があります。この金印の写真は教科書に載っていますが、実はレプリカも販売されています。私は奈良県のお土産物店で購入しましたが、実物大で金色のメッキが施されています。

　このレプリカを授業で見せた時、子どもたちは「こんなに小さいんだ」と驚いていました。そこから、なぜこんな小さな物が重要なのかを考えました。この小さな金印が何人もの人々とともに中国大陸から陸路を運ばれ、船に乗って日本にやってきたこと。そして、日本の大王に渡され、この金印が届いたことでようやく中国とのつながりが持てたことを、権力者やその周辺の豪族たちが喜んでいたことが想像できます。

　このような実物も、見つけたら購入するか、**どこで売っているのかをチェックしておく**ことが大切です。実物を見せることで、注目を集められること間違いなしです。

**Point**

・どこに行けばどんな実物が借りられるのか、日頃からチェックする
・借りられる場所、売っている場所をメモしておく

# 5 集会の場で注目を集める

## 「この先生は何か違う」と思わせる

「話し方の本なのに、何だか目立ち方の話になっていませんか」という疑問を持たれた方。そうなんです。実は、「目立つ」ことがこの章のテーマです。

もしも、「でも、それはちょっと……」「別に目立つことをしなくても、人と一緒でいい」と思われているようなら、そのマインドは捨てましょう。なぜなら、**教師という仕事をしている以上、「目立つ」ことは絶対に避けられない**からです。

教師の前には、毎日多数のギャラリーがいます。これは、実はすごいことなのです。真打の落語家でさえ、客を集めるのは一苦労するそうです。それが毎日、教室に行けば必ずいるのです（もちろん、チケットを買って席に座っているわけではありませんが）。

まずは、皆さんの持っている**「これを見せたい」**というものを披露していきましょう。それが、**「この先生は何か違う」**につながります。子どもたちにとっては、「何か違う」と思える先生が担任である方が嬉しいのです。

服のセンスが抜群な先生でもいいですし、やたら笑顔が素敵な先生、声が大きい先生、歌がうまい先生でもいいでしょう。皆さんがこれまで磨いてきたもの・ことを朝会・集会など全校児童が集まる場で出すのです。「いやいや、私にはそんな特技は……」と謙遜する気持ちがある方、それは違います。例えば筆者の知っている先生の中には、漫画「ONE PIECE」の登場人物のよさをとうとうと朝会の場で語った人もいました。それも効果抜群なのです。

さて、あなたの好きなものは何ですか？ 趣味は何ですか？ 一つ、二つと言わず、出てくるのではないでしょうか？

## 学年集会の場で

学年集会と聞くと、何か問題が起こった時に学年の子ども全員が集まるイメージがありませんか？ そういった集会も大事ですが、ここでは、もっと楽しいことを考えてみましょう。学年の子どもに先生たちのことを知ってもらうための集会であれば、面白いことを言ったり遊んだりして子どもと楽しみたいものです。

さて、そんな場で、皆さんなら何をしますか？　丸バツクイズは子どもたちが盛り上がります。先生の特技を披露すればアンコールがあるかもしれません。また、猛獣狩り（先生の言った言葉の文字数で集まって座る遊び）やゴレンジャーゲーム（赤レンジャー、青レンジャー、黄レンジャーのポーズをする遊び）など、**とっさにできる遊びがあると注目を集められます**。いくつかのレパートリーを持っておきたいところです。

特技は特技で披露すればよいですが、誰でもできる遊びを選ぶのも一つの方法です。ルールが簡単で、その場で準備なしにできる遊びがおすすめです。このような遊びのアイデアは、実は、自然教室に来てくれる指導員の大学生などが豊富に知っていることもあります。彼らは普段から、サークル活動で子どもが楽しめる遊びを考えているからです。私自身、数年前の自然教室のキャンプファイヤーで、大学生の指導員に教えてもらった遊びを、今でも使っています。

その他にも注目を集める方法は知っておいて損はありません。なぜなら、教師をしている限り、注目を集めなければならない場面は必ずあるからです。

例えば、郊外学習に出かける時、バスに乗る前に駐車場まで列になって歩かなければならない場合、いちいち「静かに」と注意するのではなく、いきなり「頭」「耳」「肩」などと言ってそこを触ります。子どもたちも真似します。そのうち、「頭」と言ったのに腹を触る子も出てきます。そこで、「誰だ、頭がこんなところにあるのは！」と言うと、一気に注目を集められます。そこから先生の話を続けると、聞く姿勢ができます。

このように、注目を集めることには、**楽しませる効果**と、これから話をするために**聞く姿勢をつくる効果**があります。

**Point**

・注目を集めるために、「この先生は何か違う」と思わせる
・注目を集める効果には、「楽しませる」「話を聞く姿勢をつくる」の二つがある

## STEP 6 「いつも面白いことを言っている」という印象を持たせる

### 面白いとはどんなことか？

面白い話をしようと思っても、相手が反応してくれない。面白いことをしようと思ったら、「いや、それいい」と言われてしまった。このような経験はないでしょうか？

これらは、話す本人が独りよがりの「面白い」を考えてしまっているからこそ起きる問題です。会話には当然、自分と相手がいます。相手がどう感じるのかを考えないままでは、ただ自分だけで楽しんでいることになってしまい、周りから白い目で見られてしまいます。

ここで、本気で「面白いということ」について考えてみましょう。自分も相手も楽しむことができる「面白い」話とは、どのような話でしょうか。そこで大事なのは、**共通の話題があ**るということです。

では、子どもたちを集めて話す時、「共通の話」とは何でしょうか？　自然教室、運動会、学習発表会などの行事のこと、あるいは、これから始まるプール学習のことなどがそれに当たります。このような、**みんなに共通することについて、教師がとても面白そうに語る**のです。すると、聞いている子ども側も「なんか楽しい気分になってきた」と感じるものです。共通の話題であれば、全員が聞く気になります。

また、全員ではなくとも、多くの子が関心を持っているアニメや、アイドルのことを話題に登場させるのも効果的でしょう。

## 1年生のことを話題に

1年生は、学校の子どもたちにとっても、小さく、かわいい存在という風に映っています。1年生以外の担任であれば、この1年生のことを面白く語るのも効果的です。

・今朝、下駄箱で1年生が「靴が入らない」と言っていました。
・1年生のクラスに代わりに入った時に、「お話ししますよ。みんなの目はどこかな？」と聞いたら、「ここ」と言って自分の目を指さしていました。

など、とても可愛らしいエピソードを度々話題に出すだけでも、「面白い」と思わせる話ができあがります。1年生に限らず、飼育委員会で飼っているウサギなど、みんなが目にするもののエピソードにも応用することができます。

## 突飛なことを話題に

新しく赴任した学校では、教師の紹介があるはずです。その時に、突飛な話をしてみる手もあります。

実は、私はここからはるかとおーいとおーい星からやってきた池畠です。そこの〇〇公園に宇宙船を置いて降りてきました。

他の人たちが「〇〇小学校からきた△△先生です。皆さんと……」などと普通の挨拶をしている中で、「宇宙人」「宇宙船」など、子どもが喜びそうな話題を出すと、とても喜びます（もちろん、その教師のキャラもあります）。

また、全校児童で歌う校歌の指揮を任された時には、次のように話してみました。

この体育館の天井を見てください。あそこに、みんなの声をぶつけちゃってください。なんなら、ぶつけすぎて壊しちゃっていいから。

こう言ってから指揮をしたことで、みんなの歌声が出たことは、言うまでもありません。歌い終わってから、1年生の子に「先生、僕天井壊しちゃった」「天井吹き飛ばしてみたよ」などと話しかけられました。また、聞いていた先生からも、「あの『天井壊しちゃっていい』はよかったですね。子どもの心鷲掴みでした」と言っていただけました。

このように、ちょっと人とは違うことを言うことで「面白い」と思ってもらえることがあります。目立つのが苦手な方も、このような方法を時々使ってみてください。

**Point**

- 「みんなに共通の話題」を面白く話す
- 突飛なことを面白く話す

# 7 「なんだこりゃ」と思うしかけをつくる

## 授業はいろいろなしかけでできている

授業はいろいろな「しかけ」でできています。もし、普段からそのことを意識されていない方がいたら、今日からぜひ意識してみてください。いつまでも、「気をつけ、礼」から始まる授業ばかりでは、面白みがありません。

例えば、理科で昆虫の学習をする時に、教科書に出てくる昆虫の中で教室に持ち込みやすいもの（カブトムシ、赤とんぼなど）を実際に教室に登場させます。すると、「先生、僕その虫知ってるよ。〇〇で捕まえたんだ」と、とても張り切る子が出てきます。そこを**すかさず褒める**のです。すると、どの子も乗ってきます。

また、そういう時に限って、普段はあまり授業で発言しないような子が活躍することもあります。**褒めるチャンスがますます増える**というわけです。

また、こんなしかけもあります。国語の授業で、オノマトペで作文を書くという学習場面です。

教師が突然、教室から出ていきます。「どこへ行ったのかな?」と子どもたちがザワザワしはじめたところを見計らって、教師は戻ってきます。その時、手には「ぴこぴこハンマー」を持っています。すかさずどこかを叩き、

**さあ、今どんな音がしたかな。ノートに書いてごらん。**

と言うのです。

ここで大事なのは、教師が授業の途中で教室から出ていくということです。これは、子どもを**不思議に思わせる**ためです。もし、最初からぴこぴこハンマーを持って教室に登場してしまうと、はしゃいでしまって授業にならないことも考えられます。

そのうえで、子どもたちが書いたものを見て、**一つ一つ褒めていきます**。「ぴこぴこ」

「バシバシ」「トントン」「ドンドン」「コテコテ」……。そしてこの中で、音ではないものを探します。「コテコテ」は、実際のぴこぴこハンマーの音としては考えられません。そこから、オノマトペは音だけではなく、様子も表すことができるということを教え、「コテコテ」と書いた子どもにまた褒め言葉をかけます。

このように、**いろいろな「しかけ」をつくることで、褒めるチャンスをつくっていきます**。褒められた子はやる気になり、褒められなかった子も、「次は私も」となります。

## 子どもの意表をつくしかけ

ここでは、委員会活動（環境委員会・清掃委員会）の場面を例に、私の尊敬する先生が講じた「しかけ」をご紹介します。

環境委員会では、定期的に校長室前を掃除するという活動がありました。しかし、環境委員会には、本当は動物が好きで飼育委員会に行きたかったのに、定員に入れなくてこちらに来た……などという子が多いのも事実で、なかなか進みません。そこでその先生は、一人に一つスポンジを渡しました。

**このスポンジ、あなたたちに差し上げるから、これで毎月校長室前を掃除しなさい。**

そう言って、月に一度の委員会でどれだけ掃除できたかを聞きました。初めは忘れてしまう子もいて、なかなか捗りません。しかし中には、「先週は２回掃除しました」という子も出てきます。そこで、「営業成績２ポイント」と言い、模造紙に棒グラフを書いていきます。見ていた子どもたちは、「営業成績が貯まるのか」と目を見張ります。すると次の委員会から、どんどんと営業成績が加算されていきました。

子どもたちは掃除をしていなかったことを怒られると思っていたのに、「スポンジを渡す」「営業成績を示す」という二つのしかけが、明らかに子どもの意表をついたのです。

このような、子どもが動く「なんだこりゃ」を、皆さんも考えてみてください。

**Point**

- 授業にしかけをつくる
- しかけをつくることによって、子どもを褒める

Day 1
Day 2
Day 3
Day 4
Day 5

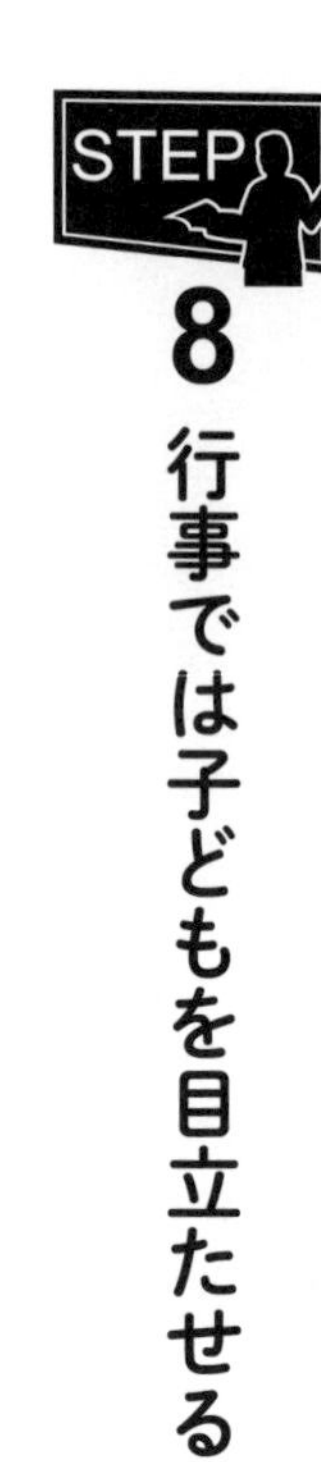


# 8 行事では子どもを目立たせる

## 主役は子どもたち

最後のステップでは、これまでとは少し視点を変えて、「子どもたち」にスポットを当ててみましょう。

学校行事は、子どもにとっても、見ている保護者にとっても楽しみなものです。なぜなら、**子どもが目立つ**からです。教師として、この機会を使わない手はありません。そこでこのステップでは、**行事でどのように子どもを目立たせるか**についてお話しします。

## 子どもが目立つ演出を入れる

運動会では、団体演技が始まる前に、ちょっとした演技を挟んでみます。

例えば、高学年の騎馬戦で、大将同士が闘う前の口上を述べてから始めるのもよいでしよう。さらにそこで、実行委員の子どもたちに役を与え、次のような演出も加えます。

・ちょっとした羽織や、ぞうりのような物を履かせた子たちが逃げるようにして出てきて、「すみません。○○小の○○将軍。敵軍が攻めてきました」と、将軍役の子に泣きつく。
・将軍役の子が「ついにきたか。これから○○小を守るため、全軍出撃だ！」と言ってから、騎馬戦スタート。

他にも、徒競走の前に魔法使いが出てきて、お菓子を持って逃げる演技をし、それをみんなで追いかけようと言って徒競走を始める演出をしたこともあります。

このような演出を加えることで、その後の競技や演技が、何倍も面白いものに見えてきませんか？

## 普段から目立つことをさせる

急に全校児童の前に出て何か演技をするように言っても、それを喜ぶ子もいれば、嫌がる子もいます。そうなると、いつも同じ子ばかりが目立つ役になってしまいがちです。学芸会で司会をしていた子が、代表委員会でもクラスの代表として出席していたし、年末の学年合奏でも指揮者をやる。このような風景は、読者の皆さんにも覚えがあるのではないでしょうか。

確かに、子どもによっては、「目立つことをしたい」と普段からアピールしている子もいれば、逆に「なるべく目立ちたくない」とアピールしている子もいます。しかし、この「目立ちたくない」子に、本人の希望だからといつも目立たないことをさせていていいのでしょうか。

スポーツチームでレギュラーを選抜するのであれば、それでもいいのかもしれません。しかし、ここは学校です。どの子にも「教育」が与えられなければなりません。

では、どうすれば「目立ちたくない子」にも、目立つ機会を与えられるのでしょうか。そのためには、**普段の授業からどんどん発言をさせる**ことをお勧めします。筆者の授業では、挙手した子が発言するということはあまりやりません。それよりも、列を指名して前から順番に発言させていくなど、**発言することが当たり前の状況**をまずはつくります。

そのような状況をつくったうえで、行事等の機会に目立つ場を与えれば、どの子も普段から人前で話すことに抵抗がなくなっている、もしくは抵抗が薄れている状態なので、話すことができるのです。

また、「目立つ」ことは、何も運動会や学芸大会などの大きな場面だけとは限りません。水泳学習ではじめに注意事項を話す。校外学習で今日のめあてを発表する。掃除が終わった後、しっかり掃除ができたことを発表する。普段の学校生活の中でも、様々な場面で機会はつくることができます。**普段から、「どこかで、誰かが主役」になる**機会を設けていれば、子どもたちは大きな場面になっても自然に受け入れることができるのです。

これを機会に、普段の授業場面・生活場面から見直し、どの子も主役になれる場面をつくっていきませんか。

**Point**

- 子どもが活躍できる面白い演出を考える
- 普段の授業場面・生活場面から「どの子も主役」の機会をつくる

# Day 3

# 「話し方」を学ぶ

## Day 3 「話し方」を学ぶ

実は筆者は若い頃、「話し方」をあまり意識していませんでした。それどころか、「話し方なんて何言ってんだ。話を聞かせることなら誰だってできる。同じ日本語なんだから」くらいに考えていました。今思えば、なんとも雑な考え方で、情けなくなります。

しかし、この考えも改めざるを得なくなります。クラスの子が、全然話を聞いてくれないことが続くのです。「なんで俺の話は聞かないんだろう?」……そう思う日々が続きます。そしてついに、自分の「話し方」に目を向けてみました。

自分の話を録音し、聞いてみます。本当に聞くに耐えない、ひどい話し方でした。組み立てもできていない。一つの話が長い。だから、聞いている方は落ち着かない。言いたいことが何一つ伝わってこない話し方でした。これで子どもが聞いてくれるわけがありません。そして、そんな自分に腹立たしくなりました。**「なんで話を聞かせる職業なのに、話し方を全く意識していないんだ」**と。

それからは、尊敬する先生の授業を録音したり、アナウンサーの話し方講座に参加してみたり、落語を聞いてみたり……。教師という世界を離れ、アナウンサーやラジオパーソナリティといった話のうまい方、話し方のプロを見て、聞いて学びました。

この章では、そうした経験の中で発見したことをご紹介します。

# STEP 1「話し方のプロ」は誰かをよく考える

## そもそも、教師って話し方のプロ？

このように問うと、少し悲しい気持ちになります。しかしそのくらい、普段の私たち教師の話し方は、拙く感じます。それは無理もありません。別段、話し方の研修を受けてきたわけでもありません。また、「話し方検定試験」のようなものを通って教師になったわけでもありません。これが、アナウンサーやニュースキャスターならば、そうはいかないでしょう。

そこで筆者は、「話し方のプロ」とは誰なのかを考えました。最初に浮かんだのは、やはりニュースの原稿を読んでいる**アナウンサー**です。

考えてみると、**ニュースとは一方通行のツール**なのです。視聴者が「む？　それ、何言ってるか分からない。もう一回言って」のように聞き返すことはできません。ですから、

**一回で伝える**ことが必要になります。これは、すごい緊張感だと思いませんか？

そう考えたかつての筆者は、夏の研修でNHK主催の「教師のための話し方講座」というものに申し込んでみました。そこでは、講師であるアナウンサーの方から、自分の好きな食べ物や、この研修センターまでどうやって来たかといった、いろいろな説明をすることを求められました。私たち教員は、一生懸命に説明を考えて3分で発表します。しかし、アナウンサーの方の手にかかれば、私たちが考えた説明がスッと、驚くほど意味が伝わりやすくなるのです。

そこでは、まず結論を先に言って、その結論を理解するための説明を組み立てていくという話の型・スキルを学びました。

## 話し方のプロ探し

それから、「話し方のプロってどんな人がいるんだろう」と、目を皿のようにして探し続けました。

**①研修で出会ったカウンセラー**

この方はまず、聞くことのプロでした。たくさん聞いた後、最後にちょこっと相手に意見を言うのです。それも、ほとんどが褒め言葉。話していて相手は心地よくなります。その「ちょこっとの言葉」が、短い言葉で的確なのです。

②落語家

話し方一つで、江戸時代の長屋にタイムスリップしている自分がいます。あの惹きつけ方。まさにプロです。

③デパートの入ってすぐのところにいる、インフォメーションの人

この人たちも話し方のプロでした。何せ、あのビルの中のたくさんある店舗のことを、たった一言で説明するのです。聞く方の客は、結構いい加減な情報を出します。「あの、メガネを入れるケースのようなもの。どこかにありますか」「それでしたら、三階、○○売り場で、メガネの付属品も売っていますよ」など。情報が的確で、聞き返すことがないほど言葉が洗練されています。

④時事問題を扱うテレビ番組のコメンテーター

中でも、視聴者と同じ目線で質問してくれる人がいます。思わず、「そうそう、それが知りたいんだ」と言いたくなります。

こうした人たちを、私は「話し方のプロ」と呼びます。中には、「なんだよ。専門分野だから話せるだけじゃないのか」と反論する方がおられるかもしれません。では、教師は、自身の専門分野である算数の分数のわり算のことを、たった一言で説明できるでしょうか。国語の物語文がどんな話なのかを、的確にたった一言で説明できるでしょうか。社会科の元寇とはどんな戦いなのかを、一言で説明できるでしょうか。おそらく、多くの教師ができないことでしょう。もしできるとすれば、その方は相当な手練です。

こうした話し方のプロから学ぶことは数多くあります。まずは、**自分でそのプロを探す**ことが第一歩です。そして探したら、**どうして話し方がうまいのかを分析する**ことです。**分析ができたら真似る**ことです。このようにして、私たち教師もうまい話し方を身につけていくことができるのです。

**Point**

- 話し方のプロは誰なのかを考える
- 話し方のプロを見て、分析して真似る

# 2 インプットとアウトプットを繰り返す

## インプットからアウトプットへ

話し方を身につけるためには、話し方のプロに学ぶことも大切ですし、自分で考えることも大切です。でも、それだけでは足りません。やはり**「演習」**が必要です。「知っているつもり」ほど、人の成長を妨げるものはないのです。このことを、筆者は自身の失敗から嫌というほど学びました。

歴史好きを自負していた筆者はある時、大学の先輩から「おい、池畠。新撰組について教えてくれよ」と言われました。大好きな新撰組。幕末の動乱期に、京都に集められた人たちのことを話そうとしました。しかし、ウキウキして話す筆者に、先輩が一言。

あのさ、さっきから倒幕側の志士を斬るとか言ってるけど、倒幕ってなんだ？　志

### 士って、獅子とは違うのか？

歴史に興味のない先輩には、私の話はチリほども伝わっていなかったのです。なぜなら、歴史の基本知識がないのですから。私が頭で思い浮かべていた映像は、所詮、ある程度歴史好きの人にしか伝わらないものだったということです。

それでは、歴史の基本知識がない人にも楽しく新撰組を語るには、どうすればよかったのでしょうか？

「新撰組」という組織を知っていますか？　幕末と言われた、1860年代に集められた、剣の腕自慢なんです。ですが、なんとこの組織、ほとんどの人が武士ではない身分だったのです。さあ問題です。あの身分制度の江戸時代に、なんで武士ではない人が新撰組なんて組織をつくったのだと思いますか？　……

歴史に興味がない人でも、「江戸時代」「身分制度」といった言葉は分かります。なのでそこから、「なんで江戸時代に武士でもない人が……」と聞く人の「はてな」を引き出せ

Day 1
Day 2
Day 3
Day 4
Day 5

るのです。**話とは、聞く人に応じてハードルを下げなくてはならない**。これも、アウトプットをして失敗したからこそ、学べたことでした。

## 自分の話し方を振り返る

多くの教師が、授業の振り返りは行っているでしょう。資料の提示の仕方や、子どもに発問する時どの子どもから聞くのか、黒板への書き方など。

しかし、**「話し方」の振り返り**は行っているでしょうか？　自分がどんな声のトーンで話しているのか、話し声に抑揚はついているのか、間はいいのか悪いのか、話す速さは子どもたちに合っていたかなど。他にも、確認すべき項目はたくさんあります。

「いやいや、研究授業の後の研究協議の中で、きちんとやっている」と、反論したくなる方もおられるかもしれません。しかし、本当に「話し方」をきちんと振り返るためには、自分の声を録音して、聞き直してみる必要があります。研究協議では、そのようなことまでしませんよね。

ＩＣレコーダーを準備して、何十秒かでいいので自分の声を録音し、それを聞き直す。

まずはそこから始まります。そうしなければ、どれだけ小さい声で話してしまっていたか、間が伸びてしまっていたかなどが分からないのです。

聞き手の頭に映像が浮かぶ話し方をするには、まず自分の話し方を知らなければ、次には進めません。皆さんも、ICレコーダーを片手に、自分の話し方を聞いてみることから始めてみませんか？

**Point**

・情報をインプットして、自分なりに理解したら、アウトプットしてみる
・自分の話し方を振り返る

# 3 アナウンサーの話し方を学ぶ

## アナウンサーの話を聞いていて、飽きたことがない

アナウンサーの話を聞いて、分からない、飽きた、次の話題に行こう、などと感じたことがあるでしょうか？　私はありません。難しい時事問題から、スポーツニュース、芸能ニュースに至るまで、幅広い分野のニュースを話しているアナウンサー。なぜ、アナウンサーの話は聞いていて飽きないのでしょうか？

そのポイントは、**一つ一つのフレーズが短い**ことにあると筆者は考えます。だから、視聴者の頭に入ってくるのです。聞いていて飽きないのです。

話が長すぎると、私たちは、「ああ、もうこの話無理」と難しい話に予防線を張ってしまいます。筆者の経験で言えば、大学の講義がそうでした。一生懸命に聞こうとするのですが、数々の理論や難しい単語の連続に、諦めが頭をかすめます。すると、いつの間にかうとうととしてしまうのです。

ニュース番組の視聴者は千差万別。誰が聞いているか分かりません。そのため、**誰にでも通じる話し方**にしなければならないのです。

だからこそ、アナウンサーは、誰もが飽きないで聞くことができる秒数で話します。だいたい、一つのことを話すのに、3秒くらいで話をまとめています。

## 3秒黙ったら

ステップ1で述べた、NHK主催の講座に出た時のことです。講師の先生に言われました。

**3秒黙ったら、聞いている人には永遠です。**

3秒黙るだけで？　聞いた時にはそう思ったのですが、その後のスピーチの研修で思い知らされました。

その場でいきなりお題が出されるわけですから、当然、言い淀んだり、止まったりします。筆者も、自分の番が来た時には言い淀んでしまいました。自分としては、咄嗟に考えるための仕方のない「間」だと思っていました。

しかし、録音をした自分のスピーチを聞き返してみると驚きました。突然、話が止まってしまうのです。「早く、なんか言え！」「いつまで黙ってるんだ！」と感じるのです。しばらく待って、やっと続きを話し始めます。その間5秒。話の中で、この間は長すぎるということを思い知らされました。

一般的なテレビのニュースでは、「3秒止まったら失格」。いいことを聞いたと思う反面、ゾッとしました。なぜなら、普段の授業でそのことを全く意識していなかったからです。聞いている子からすれば、自分はどれだけ授業をストップしてしまっていたのでしょう。本当に申し訳ないことをしていたと、自分の失敗を認めざるを得ませんでした。

## 何を意識して話をされているのか

さて、反省した後はインプットです。アナウンサーの方が普段、何を意識して話をされているのか、講座の後の懇親会で聞けるだけ聞きました。すると、次のような言葉が返ってきました。

肩肘はらないで、話というのはまず結論。それを言ってしまうんですよ。それを伝えてから、あと、あーでもないこーでもないと能書きや理屈を言うのです。でも手短に。

まず結論を伝えてしまえば、人は安心します。逆に、結論を最後にもってこられると、何が言いたいのか伝わってこずに焦ります。落語で言う「オチがつかない」ために、いつまで聞けばいいのか分からない状態です（まさに「落ち着かない」の語源です）。

特に日本人は、オチからいきなり話すことに慣れていません。そこを意識することで、伝わりやすい話し方が身につきます。

**Point**

- ３秒黙ったらだめ
- 結論から話し始める

# STEP 4「つまらない話し方」を分析する

ではここで、つまらない話とはどういうものかを考えてみましょう。聞いていて思わず居眠りしてしまいそうな話、気づいたら他のことを考えてしまうような話……こうした話は、いくつかにカテゴライズすることができそうです。

## ①話が長い

研修の講師、大学の講義など、大勢に対して話す人がよくやってしまう話し方です。**長い話は、つまらない典型**です。

では、なぜ大勢の前で話す時、話が長くなってしまうのでしょうか。それは、**一方通行の場面が多いから**です。私たち教師も、研修を受ける機会はよくあります。しかしそういうものの多くは、受けたくて受けるものではありません。**受ける方が受動的**なのです。ですから、質問なども大概出ることはありません。よって、講師からすれば、ずっと話している状況になってしまうのです。
もちろん、講師の先生方も準備のうえで、頑張って話をされます。しかし、このような状況では、どうしても受け手の反応に合わせて話を組み立てることが難しくなります。ですので、聞いていても聞いていなくても関係なく話してしまうことが多いのです。よって話が長くなってしまう傾向があります。

## ②専門用語が多い

バッティングの基本は、トップをつくること。このつくったトップをスイングスピードに合わせてもっていく。この時、打点に到達した時点で、わりを入れているとよくボールが飛ぶ。

こう話されて、何の話か分かるでしょうか？「バッティング」という言葉から、野球の話だということは想像できるかもしれません。しかし、その内容は、野球をやっている人ではないと全然伝わりませんよね。この話が分かる人は、相当野球をやりこんでいる人だと思います。「トップ」「スイングスピード」「打点」「わり」と、専門用語が多すぎます。野球を知らない人はおろか、たまにプロ野球を見る程度の人にすら、これらは伝わりません。このような話し方が、面白いと言えるでしょうか？

ここで注意したいのは、専門用語だらけの話は、実は**専門的に学んでいる人にも聞きづらい**内容になっていることが多いということです。特に、一方通行になりがちな大勢に聞かせるスピーチで、矢継ぎ早に専門用語を連発されると、用語の一つ一つは分かっても、総じて何を言いたいのかが伝わらなくなりがちです。注意しましょう。

## ③話すテーマがつまらない

例えば、電車の中吊り広告を見てみましょう。「私にとって、思い出の学校の先生」「わ、こんな学校、面白い」など、教育関連の広告が目を引きます。これらの魅力は、語り手によっても変わってきます。有名作家やタレントが講師であれば、聞きたいと思いますよね。一方で、「21世紀を担う教育活動」「これからの時代に合わせた言語活動」……このようなテーマで、何か魅力を感じるでしょうか？　教育について、大事なことを語ろうとしていることは分かるのですが、あまり面白さを感じません。それを語る講師が、思わず聞きたくなるような人でなければなおさら、まずは**テーマを面白くすること**が大事です。

## ④自慢話

これは、よかれと思ってやってしまう人が多いものです。相談を持ちかけられた若手に対して、「そんな悩み大丈夫だよ。俺の若い頃なんか、もっと大変な問題があって……」と言ってしまうケースです。話している側は昔話で気持ちよくなっているものの、聞いている側は、「○○さんの昔は今どうでもいいんですが。今、このトラブルの解決策が知りたくて聞きにきたのに……」という心理になってしまいます。

こうした自慢話がしたければ、○○さんの自慢話を聞きたいと言ってきた若手に「今度飲みに行く時聞かせるよ」などと言って、別の場所で話すことをお勧めします。間違っても、仕事中はしないように。

**Point**

- つまらない話をカテゴライズしてみる
- 自分の話を見直す

Day 1
Day 2
Day 3
Day 4
Day 5

# 5 大勢への話し方を意識する

## 大勢に話す時に何を意識するか

ステップ4でも述べましたが、少数を相手に話す時と、大勢を相手にスピーチなどをする時の一番の違いは、一方通行になることです。スピーチの途中で、話の腰を折るように「ちょっと、それ分からないんですが……」などと質問することは通常できません。ですから、**大勢を相手に話す時には、話し手の修正が効かない**場面が多いのです。その点を意識していないことが、伝わりにくくなってしまう一因です。

これまで多くの教室で授業を見る機会がありましたが、「面白くないな」と感じてしまう授業の一因として、「大勢への話し方」が意識できていないということが多くあります。

では、どんなことを意識すれば、大勢を相手にうまく話すことができるのでしょうか？

## 余計な説明をしない

授業で、やたらと説明をしたがる人がいます。とにかく説明が長いのです。しかし説明というものは、聞き手側からすれば、「聞く」ことしかできません。大人であれば「聞きながらメモをとる」こともできるのですが、小学生にはそれができません。

ですから授業では、話をしたら、必ず**「作業指示」**を入れないといけません。

・ノートに感想を書きなさい。
・分かった人は手を挙げなさい。
・先生に続いて読みなさい。

これらは全て作業指示になります。これをさせなければ、聞いている子どもたちは飽きてしまいますし、何をすればいいのか分かりません。だから、授業がつまらなくなってしまうのです。

## 少数だとできるのに……

少数相手であればできることの一つに、**「一人一人を見る」「目を見て話す」**があります。

しかし、これが大勢に対してだと、途端に難しくなります。

大勢に話すことが苦手な人は、まず「大勢に目を向けるのが難しい」という自覚を持つだけでもいいと思います。

そう自覚することによって、**目線**を意識し始めます。目線を意識すると、目線に関する情報を集め始めます。大勢に話す時に、話がうまい人はどこを見ているのか、目線はどう意識しているのかと。すると、

・目線を教室の前、後ろにうつす。
・教室全体にZ字になるように目線を動かして話す。
・子どもと1秒目を合わせる。

などといった情報を得ることができます。これらは、筆者が今でも使っている技術です。

まずは、**「難しいという自覚」**をするだけでも、とても大切なことなのです。

## 自分は何に対して話をしているのか

このことを意識できていない人も多いです。高学年に対して話をするのと、低学年に対して話をするのとでは、まるで違います。高学年であれば多少論理的な話もできますが、低学年だと、話を短く切って、すぐに作業指示を与えないと飽きてしまいます。

お釈迦様も「人を見て法を説け」とお弟子さんに言っていたそうです。大勢か、少数かの次には、**聞く人はどんな人なのか**を意識して話を組み立てる必要があります。

**Point**

・大勢への話は難しいということを自覚する
・どんな人へ話すのかを意識する

# 6 ラジオの話し方を学ぶ

## なぜラジオなのか

話し方のプロとして、筆者はラジオの出演者のことを挙げたいと思います。テレビ、YouTube、ＳＮＳなど、メディアにも様々あります。それらは、映像、文字、音楽、出演者の表情など、いろいろなものを駆使して視聴者に発信しています。

ところがラジオは、その性質上、声と音楽くらいしか使えないのです。それに、視聴者の質問にリアルタイムで答えることもできません。

そのような一見不利な状況にありながら、今もメディアとして生き残り、情報を発信し続けているラジオ。これはなかなか気になる存在です。

実を言うと筆者は、もともとよくラジオを聴いていたわけではありませんでした。車で子どもの保育園送迎をし始めてから、カーラジオを聴くようになったのがきっかけです。

ラジオは、聴きながら他のことができるだけでなく、聴いていて飽きないのです。どのチャンネルでも、出演者は見事に、視聴者の頭にイメージを描く話し方をしています。

ここからは、筆者が聴きながら見つけた、ラジオに学ぶ「話し方」のテクニックをいくつかご紹介します。

## 話を短く切る

ラジオ番組は、天気の話題、土地の話題、季節の話題などから始まります。その始め方がまた見事です。

> さあ、やってまいりました。時刻は6時ジャスト。〇〇の時間です。今日は、ここ東京半蔵門は曇りということで、皆さん、通勤帰りの方、これからお仕事の方お疲れ様です。私、この曇りというのが、実は苦手なんですね。……

例えばこのように話が始まります。さて、皆さんは、「曇り」だけでここから話をつなげられますか？　続きを聴いてみましょう。

どーもこの曇り、ねえ、洗濯物も乾くのか乾かないのか、とても微妙になりますよ。そして、帰ってみると、やっぱりちょっと湿ってた。こんなこと、ありませんか？
〇〇さん。

このように、話をふってしまうのです。そして今度は、洗濯物の話題で盛り上がる。話がトントントンと移っていく感覚で、とてもテンポよく語っていくのです。そのための一つのテクニックが、**話を短く切る**ということです。

## 上機嫌で話す

ラジオ番組の内容にもよりますが、ほとんどのパーソナリティは、とても嬉しそうに話しています。当たり前のようで、これも非常に大事な要素です。

私たちだって、自由時間には、深刻そうな話をしている人よりも、上機嫌な話し方をしている人のところに集まりませんか？　上機嫌な話し方をしていたり、笑っていたりすると、思わず「え？　なになに、聞かせて」と近寄りたくなってしまうものです。ラジオは、その心理を上手に利用しています。

## 上から目線で話さない

ラジオを聴いていると、「実は私、早起きが苦手なんですよー。〇〇さんは、早起きが得意と聞きましたが、今日はその秘密教えていただけませんか」のような、自分の苦手な部分をさらけ出した話し方をよく聞きます。このことによって、聞き手はとても親しみが持てるのです。同じく早起きが苦手な人は、「そうそう、私も苦手なの」と共感できますし、苦手でない人も「ラジオで話す人でも、そんな苦手があるんだ」と、どう対処しているのかをつい聴いてみたくなります。これを、「実は早起きの秘訣はですね……」などと上から目線で話し出してしまうと、同じようにはいかないでしょう。

**Point**

- 話を短く切る
- 楽しそうに、自分の苦手なことを出し、共感を呼ぶ

# 7 話を短くまとめる

## 短く話をまとめると、なぜいいのか

これまで、ステップ3・ステップ6で書いたように、**プロは話が短い**ことが一つの特徴です。話を短くすることで、人の集中を得るのです。

そのような話し方を私たちも獲得できれば、アナウンサーや、ラジオパーソナリティのような話し方の一端を掴むことができます。それは、すごいことだと思いませんか。

では、**話を短くする**とはどういうことなのか。筆者の考えをもとに述べていきます。

## 人は短いフレーズだと集中できる

廊下に並びましょう。静かに並ばなくてはダメですよ。他のクラスは授業が始まっ

**ていますからね。うるさくすると迷惑で……**

これでは何をしたらいいのか、聞いている方はさっぱり分かりません。これだけフレーズが長いと、指示が伝わらないのです。

もし、教室の外に並ぶことを指示するのであれば、目的をもっと端的に話した方が伝わります。さて、読者の皆さんなら、何から話しますか？　ここで少し読むのを止めて、ご自分のやり方、声の掛け方を考えてみてください。

もし、教室の外へ出て並ぶことを指示するのであれば、

**席を立ちます。**

とひとこと言います。恐らく最初は話しながら立つでしょうから、即座に、

**やり直し。座ります。**

口を閉じて立ちます。

と続けます。そうすると、子どもたちは一斉に立ちます。

そのまま、廊下に2列に並びます。

と言えば、静かなまま並ぶことができます。この指示の仕方は、尊敬する先輩の先生から学んだものです。このように、**一つのフレーズが短い**からこそ、常に子どもに「何をすればいいのか」が明らかに伝わるのです。

## 人数が多いほど、淡々と話す方が伝わる

朝会で全校児童の前で話す時や、運動会の練習で全校児童の前で指示を出す時、余計な言葉を使っていては、途端にざわざわと私語が始まります。

そうならないために、**「何をすべきか」**を淡々と話します。朝会の場面であれば、まずは短く「話をします。おへそをこちらに向けなさい」と伝えた後に、自分の話をしていき

ます。

運動会の全体指導であれば、「全員起立」「両手を広げなさい」のような単純な指示から始めます。これでもかというほど簡単な指示にして、ようやく全員ができるのです。でなければ、できない子が遊びだしてしまいます。そして、教師の注意が入ります。でも、この段階で教師が負けなのです。なぜなら、遊ぶ隙を与えたのは、教師の指示の緩さなのですから。

その指示は全員ができるものですか？ どの子にも伝わる言い方でしたか？ はっきりとした声で伝えましたか？ **人数が多ければ多いほど、指示は短く、淡々と言うこと。**この原則をつかんで話をすると、変わってくると思います。

Day 1
Day 2
Day 3
Day 4
Day 5

**Point**

- ・話をする時には、フレーズを短くする
- ・相手が多いほど、指示は短くする

# 8 落語家の話し方を学ぶ

## 頭の中に江戸時代の三軒長屋が現れる

皆さんは、落語を聞いたことがありますか？　落語家が使う道具は、扇子、羽織、あとはハンカチ。このくらいなんです。しかし、「江戸時代、麻布の茗荷谷に、せえべえさんというくずやがおりまして……」と始まると、途端に聴衆の頭の中には、当時の三軒長屋、通りの人、店などが現れます。

これは、落語の「井戸の茶碗」という演目の一部です。うまい落語家は、まくらと呼ばれる最初の世間話から聞き手を惹きつけて、そのまま江戸時代にタイムスリップ。途端に、せえべえさん、武士、くずやの仲間が現れるのです。先ほど挙げた数少ない道具はあくまでも補助。メインの「話」だけで、聞き手を引き込む技は本当に見事です。

「いったいどうやって、聞き手の頭の中に映像を作っていくのだろう？」と、何度も何度も聞いてみました。その中でヒントが見えたのは、**「間の取り方」**です。話（落語の世界では「噺」と書きます）ですから、いろいろな間があるのです。

与太郎が喋る場面は、少しあいだを空ける。オカミさんのセリフが始まったり、家主が怒鳴り立てたりしている場面は、ほとんど間がなく、音楽で言う八分休符くらいの感覚でスッと入る。このように、間が一定ではないこと、人の登場によって緩急がつくことによって、頭にイメージが湧いてきます。

## 声のよさ

また、**声のよさ**も気になるところです。

落語家の皆さんは、とても声がいい方が多いのです。筆者が一番好きな落語家、古今亭志ん朝（1938年～2001年。東京都出身。本名、美濃部強次）は、声色の変わり方が見事です。大工の親方の時にはとても威勢がいい声。侍の時には、少し下腹に力が入ったような声。お店の女将さんの時には、声色も少し女らしく、ただ、しっかり亭主を叱りとばす声。花魁の時には、少し高い声。

声の種類だけで江戸時代のいろいろな人が現れるのです。当然、話すスピードも違いま

Day 1
Day 2
Day 3
Day 4
Day 5

す。これらの声を使い分けて、私たちに、江戸の人情を伝えています。

もちろん、授業で落語のように声を変化させてしまうと、逆に子どもが落ち着かなくなるでしょう。ですが、一部でも学んで、取り入れることはできます。

例えば国語の物語文で、小学4年生の教材「ごんぎつね」を範読する時。いたずらぎつねのごんと、いたずらをされて困っている兵十の声は、一緒でいいでしょうか？

小学3年生の教材「ちいちゃんのかげおくり」で、ちいちゃんが空襲から逃げている場面の声と、最後に雲の上に行ってしまう時の声も、一緒でいいでしょうか？

このような時、少し声色を変えてみるだけで、教師の範読が聞いている子どもによく伝わります。これは、詩の授業などにも応用できます。落語家の話し方は、アナウンサーの話し方とはまた違った魅力があります。こうした「話し方のプロ」の方々の話し方を分析し、真似て、私たちも教師としての「話し方」を掴んでいきましょう。

**Point**

・間の取り方を変えることで、人を惹きつける
・声を変えてみる

# Day 4

# 「目」で伝える

# Day 4 「目」で伝える

「目は口ほどにものを言う」という言葉があります。そのくらい、「目」は黙っていても人の意思を伝えます。

**私たち教師も、常に子どもたちに目線を送っている**はずです。私も20年教師をしましたが、その間いろいろな目線を送っていました。年間に約200日間の授業をすると考えると、20年で約4000時間。その中で、何十万という目線を送っていたわけです。

しかし、そのうちどのくらいをしっかりと意識できていたのかと言えば、それは数えられるほど少なく、情けなくなります。

だからこそ、「目」で伝えることの大切さに気づいた今、目線について語ってみたいと思います。これは、筆者のいくつもの失敗談、反省から成り立った章です。

読者諸賢の中には、すでに目線をしっかり意識した授業をされている達人もいらっしゃると思います。その方は、ぜひご自分の道を極めて、筆者にご教示ください。

筆者のように、まだまだ探求中の方。一緒に目線を意識して、明日からの授業を変えていきましょう。

私たちも、講演を聞きに行った時やセミナーに参加した時、講師の先生と目線が合うことがありますね。すると、自分に語りかけられているように感じるものです。そんな時には、何か特別な感じがしませんか。

授業でも、やっていきましょう。では、4日目です。

STEP1 自分の目線を意識する

STEP2 教室内で目線を動かす

STEP3 「子どもの目線」を捉え直す

STEP4 「目の種類」を使い分ける

STEP5 話し始めに目を合わせる

STEP6 挨拶をする

STEP7 目線を意識して授業を始める

STEP8 授業スタイルから見直す

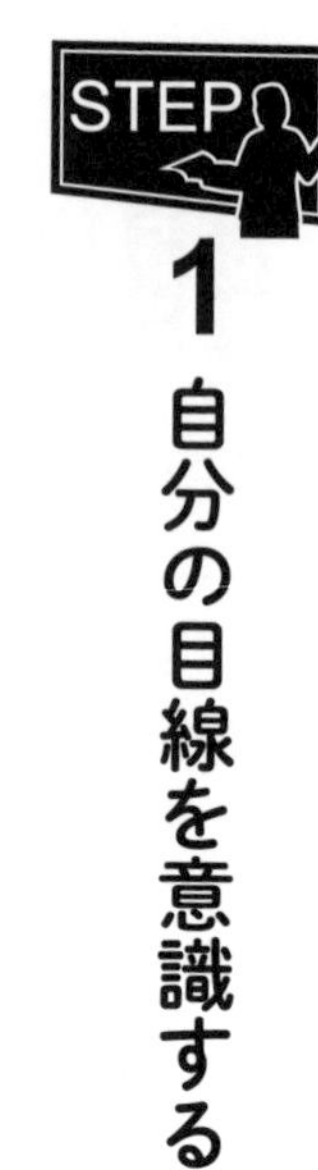

# STEP 1 自分の目線を意識する

## 目線は気持ちの表れ

考えてみれば、一対一の話でも、目線を意識するというのは難しいと思いませんか？あまり目線を合わせすぎると少し気まずくなりますし、逆にあまりにも目線を合わせないと、「ねえ、聞いてるの？」と言われてしまいそうです。

本屋さんに行けば、目線のことについて書かれた本はありますし、講演などでもよく聞きます。そのくらい、人の目線というのはとても奥深いものだと思います。

では、**私たちは自分の目線をどのくらい意識できているでしょうか**。普段、自分がどこを見ているのか、意識しているでしょうか。

小さい頃から、「人と目を合わせて話しなさい」「どこを見て話しているの」と散々怒られたことを、頭の片隅で覚えています。しかし大人になった私は、恥ずかしながらつい最近まで、目線をあまり意識しないままに授業をしていました。

例えば、自分の授業がうまくいっていない時、質問をした子どもに返事をしながら、なかなか目を合わせられませんでした。また、子どものトラブルで保護者の方にご迷惑をおかけした時もそうでした。

「相手の眉間を見た方がいい」「右目を見るようにすると視線が伝わる」といったマニュアルのようなことが、数々の本では書かれています。しかし、自己分析をしてみると、そもそも**自分に自信がないと目を合わせられない**ということが分かりました。

「結局気持ちの話？」と反論が返ってきそうですが、詰まるところそうなのです。

「目は口ほどに物を言う」とは、こちらの弱さも目に現れてしまうということなのです。

## だからこそ目線を意識する

さて、目線を意識して授業をするためには、どんなことが必要なのでしょうか？

筆者は、授業が始まる前に、

・今日は全員と1回は目線を合わせよう。
・今日は、1班、6班と必ず目線を合わせよう。

など、準備として自分に言い聞かせています。自分に言い聞かせるだけでも、それが約束となり、本当にやるようになります。もしできなかったとしても、「80%はできた」など、準備をしていないのにくらべれば、必ず進歩があります。

このことを意識できていない状態の授業を、後から動画で見返してみると、まるでたった3～4人とだけ授業をやっているように映ります。「他の子はどうした」と言いたくなるくらい、他の子が置いてけぼりの状態です。

子どもにとっては、教師に見られているということが、授業に参加していると感じられる大事な要素になります。だからこそ、「どんな意識を持って授業に臨むか」がとても大事なのです。

さらに、子どもたちの目を見ていると、**集中している人とそうではない人**が分かります。

集中している人は、「ノートに書きなさい」などの作業指示を与えてみると、どんどん書く手が走ります。また、机間巡視でノートを見てみても、とてもいい発想が書いてあることが多いのです。

このことをうまく見極めて、発言の機会を与えられれば、他の子の新たな発見につながります。これも、目線を意識したからこそできることです。

筆者は、「どこを見るか」をよく意識します。しかし、意識するポイントは人によって変わっていいと思います。「暖かな目線を意識しよう」「鋭い目線を意識しよう」など、**ご自身の授業に合わせた目線の意識**を持って、授業をより活性化させていってください。そして、子どもたちにいろいろな気づきを与えてあげてください。

**Point**

・目線には気持ちが表れることを意識する
・今日の授業では、どこを見るのかを意識する

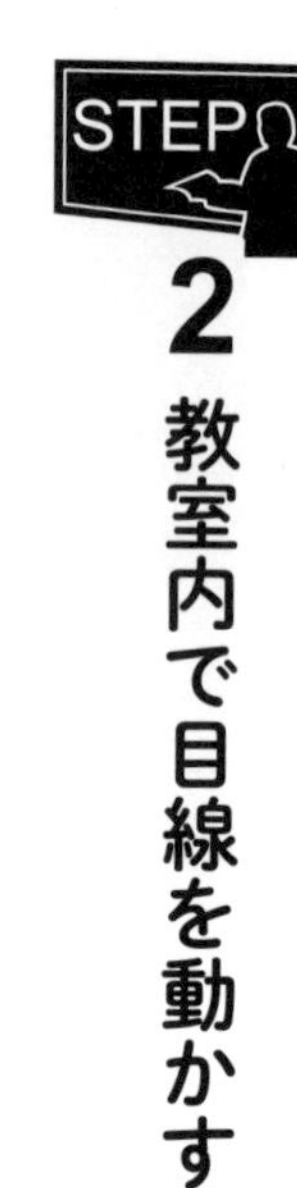


# 2 教室内で目線を動かす

## 意外と変なところを見ています

筆者が高校の頃、なぜか、授業で話が入ってこない先生がいました。どうしてなのかとその先生の授業を分析してみると、「みんな、分かったかな」と全員に確認する時、誰に言っているのか分からないからだ、ということに気づいたのです。みんなに向けて発言していることは確かなのですが、「この言葉は僕に言われていることではないなー」と、頭の上を言葉が通っていく感じがするのです。

その原因は、**その先生の目が、後ろの黒板を見ていたから**でした。その教室には、前に授業で使う黒板があり、後ろには、生徒の連絡用の黒板がありました。その先生は、話の最後に必ず後ろの黒板をふっと見るのです。

何か気になること、面白いことが書いてあるのかなと後ろの黒板に目線をやると、別にそういうわけでもなさそうです。じゃあ、なんでわざわざいつも後ろの黒板を見るのだろうと気になってしまいました。

卒業間近、筆者は思っていた疑問をぶつけてみました。「先生は、なぜいつも授業で後ろの黒板を見て話していたのですか」と。すると、「実は、人と目線を合わせるのが苦手で。特に大勢に合わせることができなくて、目のやりどころに困っていた」という回答でした。

一方で、とても目線が合う先生もいました。その先生の授業では、常に見られているように感じました。

もちろん、その先生もずっと私だけを見て授業をしていたわけではないでしょう。では、この違いはどこから生まれてくるのでしょうか？

研修でも習うことかもしれませんが、ポイントは教室を見る時、**目線を教室空間でZの字になるように動かす**ことです。

Zの字に視線を動かすと、教室全体の様子が目に入ってきます。そして、気になる子がいれば、そこで目線が止まるのです。常に子どもが目に入ってくる状態になるのです。

教員5年目の時でした。この方法を学んで早速試してみると、授業中、友達に消しゴムを貸している子、こっそり折り紙に何かを書いている子と目があって、それをしまう様子が見てとれました（そうされるくらい、授業にも隙があったということですが）。

Zの字で目線を動かす。これはぜひ使ってみてください。

## 気になる子が視界に入る席の配置にする

子どもの席をどのように配置していますか？　目線を意識できるようになったら、そこも考えなければいけません。

気になる子、気にかけないといけない子が、どの教室にもいるものです。その子が死角にならないようにしたいものです。

ポイントは、**目線を動かす時に、常に視界にその子が入る位置**を考えて席替えをすることです。そうすると、常に前の席（黒板に近い席）にしておかなくてもいいわけです。やはり、席替えは子どもにとって楽しみの一つ。見ておかなければならない子だからと言って、いつも変わらない席ではかわいそうです。

## 後ろの席にも目をやるWの目線

教室の後ろの方には目線が行きにくいものです。でも、教室空間ですから、どの子も見てあげなくてはいけません。

今度は、目線を奥と手前に移動させることを提案します。**Wの字**になるように動かすイメージです。これで、後ろに座っている子に目が行くことになります。後ろの席は損だなどと言わせないようになるのです。そして、慣れてくると、子どもの小さな反応も見て取れて、それを授業で活かすこともできます。

いろいろな目の動かし方を紹介しました。できるものから教室で取り組んでみることをお勧めします。

**Point**

- Zの字や、Wの字に目線を動かす
- 気になる子を視界に入れる座席配置にする

# 3 「子どもの目線」を捉え直す

## 子どもの目線とは？

・子どもと同じ目線でいいですね。
・子どもの目線を意識していましたね。

研究授業が終わると、こんな声を聞くことがあります。聞くたびに、筆者は、「そうかなあ」と思ってしまいます。

もちろん、子どもの目線であることがいいこともあるでしょう。しかし教師は、本当に子どもの目線で授業をしていていいのでしょうか？　やはり教師は、教室の監督者。管理をしなければいけないはずです。ということは、**子どもが見られない部分も見られる視点**

が必要なはずです。子どもがいかに子どもの発想で楽しく活動しているように見えても、それは教師の手の中、教師の想定したことの中で楽しく活動しているはずです。学校とはそういうものだからです。

では、もう一度考えてみましょう。子どもと同じ目線で本当にいいのでしょうか？いいわけがないのです。子どもが見えていないものも、こちらが見えていないと安全上大変なことになります。また、教材研究をして、子ども以上にその教材で気づくことが出ていないと、いい授業にはなりません。

しかし、上から目線でいいわけではありません。それでは、子どもの気持ちがいつも分からなくなってしまいます。

・子どもはどんなところが分かりにくいのだろうか。
・計算の繰り下がりでミスする子が多いな。
・月曜日に校外学習を組むと、忘れ物をする子が多いな。

と、予め先回りして予測してあげる。こんな目線が教師の持つ「子どもの目線」なのだと思います。

## 同じ目線ではなく、気持ちを理解する目線

では、「子どもを理解する」とはどういうことなのでしょう。筆者は、初任者の頃からそれが分かりませんでした。「池畠さん、子どもをよく理解しないとダメだよ」と言われたり、研究授業のたびに「子どもの理解が足りないな」と言われたりしました。

そもそも、相手を理解するということ自体、とても難しいことです。所詮、子どもと大人は他人なのです。その他人をしっかり理解するなど、筆者には到底できません。

だからこそ、**「目線を送る」**ことが必要になります。「あなたのことを見ているよ」「よくできたね」「すごい」という言葉とともに目線を送るのです。

「当たり前じゃないか」と突っ込まれてしまいそうですが、筆者は自分の授業映像を振り返った時にハッとしました。声はかけるものの、子どもを見ていないのです。板書と教科書を見るのに必死で、目線が明らかに子どもに向いていないのです。本当に授業が下手

だなと反省しました。しかし後日、他の先生の研究授業を見てみると、その方も同様に子どもを見られていないことに気づきました。

もちろん、とても上手に授業をされていて、目線もバッチリの先生はいます。授業の流れをきちんと頭に入れているから、子どもに目線が送れるのです。

「目線を送る」という行為一つとっても、なかなかできないのが普通です。ただ見ていればいいのではないのですから。だからこそ、**相手を見て、「すごいね」などと声をかけるクセをつける**ことが大切です。

私たち大人も、きちんと見て話してくれる人は信頼できます。授業も一緒だと思います。目線を合わせて、相手に届ける授業をしていきませんか。

**Point**

・教師の目線を意識して、子どもより先回りする
・相手を見て授業をする

# STEP 4「目の種類」を使い分ける

## 笑顔を練習する

> ○○さん。笑顔を練習してくださいね。

皆さんなら、こう言われたらどんな気分になりますか？　筆者がかつて、言われた言葉です。筆者はもともと笑顔が苦手でした。白状すると、こう言われた時、「笑顔って自然と出るものじゃないの？　練習するって何？」と、心の中で反論ばかりが浮かんでいました。「ばかばかしい。おかしくもないのに笑えるかい」と。

確かに、素敵な授業をする先生方は、誰も例外なく素敵な笑顔です。それでもまだ実感が湧かない筆者。「あんな笑顔、俺には無理だな。まああれはあの人の個性だよ」と負け犬の遠吠えです。努力もしないで。

「池畠さん。言ってくれる言葉は嬉しいんだけど、真剣な顔で言われるとこわいよ」と言われてしまうこともありました。筆者のような無骨な人が、真顔で「今日の授業、よかったよ」などと言っても素直に喜んでもらえないのは納得がいきます。

……ということで、とうとう笑顔の練習をしました。すると、まあ自分の笑顔の気持ち悪いこと。恥ずかしいやら情けないやら。

それから、素敵な笑顔をしていた先生方にも話を聞きながら、自分の笑顔の特徴を分析してみることにしました。そして、**「笑顔の目」**というものに気づいたのです。

目が笑っていないと、笑顔がこわいのです。笑顔の目をつくるには、まず、「心を笑わせる」ことをしなければなりませんでした。そのために、ストレスを抱えすぎないようにすることから始めました。

本当に辛い時には、つくり笑いをすることも嫌ですよね。だからこそ、**「笑える」生活環境**をつくっていくことが大事です。ミスをしても「ま、そんなこともある」。他人のミ

Day 1
Day 2
Day 3
Day 4
Day 5

スにも「ま、たまにはあるさ。次いこう」と、あまり真剣に考えすぎないようにしました。すると、次第に笑える状況ができてきて、笑顔の目がつくれるようになっていきました。

## 真剣な目

真剣な目を、皆さんはどんな場面で使いますか？　「使いますか」という質問がおかしいくらい、気づいたら真剣な目になっているという方も多いと思います。これも、使い分けられるといいですね。

例えば、叱る場面では誰でも真剣な目になります。叱られるようなことをした子が「心を入れ替えて欲しい」「同じ過ちをして欲しくない」と願うからです。

これは相当な熱量ですよね。叱っている他の先生を見ている時も、本当に真剣だなと感心してしまいます。

それと同じくらい、**授業の中で意図的に「真剣な目」ができたら、子どもも「分かった」と、何かを理解できる**と思いませんか？　理解できなかったとしても、子どもがそれまでの殻をバリバリ破り、次のステップへと進んで行く。この瞬間の子どもの目は、とても真剣な目です。

例えば、「初めて逆上がりができた」「跳び箱が跳べた」「算数の九九が覚えられた」「初めて100点を取れた」。このような時の子どもの目を、見ていますか？　とても真剣で、言葉に表せないくらいです。そうなって欲しいと願うには、「この言葉は逃さないで聞いてくれ」という時の教師の目も、真剣な目でありたいものです。

他にも、**「このくらいはいいよの目」**。これは、校外学習で外遊びを許可した時に使います。**「面白い、どんどんやってみての目」**。図工などで、子どもが面白い発想をしてきた時に使います。

このように、何種類かの目を使い分けると、授業に彩が出ます。是非、いろいろな目を使い分け、実践してみてください。

**Point**

- 笑顔、真剣な目は、日頃から練習する
- いくつもの目を持っておく

# 5 話し始めに目を合わせる

## 目を見ることはこわい

実は、動物の多くは、相手の目を見る時は襲いかかる時だそうです。

以前宿泊した山梨のホテルで、ロビーに猿回しの猿が来ていたことがありました。子どもたちも幼かったので、絶対に喜ぶと思って見に行きました。

猿は首に縄をつけられていたものの、猿回しの方の言うことをよく聞いて、行儀よく（人間にとって行儀よく？）していました。あまり芸はやらないのですが、歩くように言われるときちんと歩くし、その場に置いてあった小さな椅子に立つように言われるときちんと立っていました。

思わず感心した筆者が「すごいですね。これだけのことをするのに、お猿さん、どれだけ練習を頑張ったのですか」と聞くと、猿回しの方は「いや、実はこの子は芸ができないんです。お客さんの前に出す芸には向かないんです」と答えたのです。

話を聞くと、人と目を合わせると怒ってしまうそうなのです。動物として、目を合わせるのは非常にしんどいことらしく、それができるようになって初めて猿回しの芸ができるのだと説明を受けました。それくらい目を合わせるということは大変なのだと、その時勉強になりました。

さて、人間に置き換えてみましょう。相手の目をじっと見続ける場面とは、どんな時ですか？ 付き合ってもらう時、プロポーズする時、大事な商談を切り出す時、大学に行きたいのでお金を出してくださいと親にお願いする時。並べてみると、人生の岐路のような場面が多いですね。それだけ、**目を見続けることにはエネルギーがいる**のだと思うのです。

普段の教室でこれをやり続けたら、さすがに疲れてしまいます。かと言って、あまり目を見ないのも、「話聞いてるの？」と言われてしまいそうです。

さて、どうしましょうか？

Day 1
Day 2
Day 3
Day 4
Day 5

## 話し始めは目を見る

話し方の上手な人を見て分析してみると、**「話し始めだけ目を合わせる」**ということをしていました。失礼ながら、その秒数も数えました（私に話しかけた人ではなく、私が仕事をしていた時、奥で楽しそうな話をしていた二人を見て秒数を測りました）。やはり、長くても目を合わせるのは2秒。このルーティンは変わりませんでした。

そして、話し終わりに「はーあ楽しかった。じゃ、仕事するね」と言って席を立ちます。この時も、目を見るのは1秒。

何を話し始めるにせよ、**話し始めは相手の目を見たい**ものです。たった1秒、2秒でも。それだけで、「この人は話をきちんと聞いてくれる」「私に話をしてくれている」と思うものです。

筆者もこれまで数々の失敗を繰り返してきましたが、やはり、目を合わせるのは1～2秒が限界です。それ以上じっと見ていると、「む？　どうした？」と言われてしまいました。別に相談があるわけでもないのにです。

最初はきちんと目を合わせる。それから、資料に目を落とす。もしくは話題を転じて、他の部分に目をやる……など、工夫をしていきます。

もし、皆さんが意識せずに楽しくコミュニケーションが取れているならば、目を見る達人です。自然に人を見ることができているのだと思います。

もし、どうにかしてうまくコミュニケーションを取りたいと悩んでいるなら、**まずは話し始めの2秒で目を合わせる**ことから、始めてみてください。

**Point**

- 「目を見る」ということはこわいことだと自覚しよう
- 長くても目を見るのは2秒にしよう

# 6 挨拶をする

## 挨拶は大事

こんなことは「言われなくても分かっている。何を今さら」と言われてしまいそうです。そうですよね。新しい職場に移って、新しい上司に会って、そうではなくても朝、人と会って、挨拶ができなければ、どんなことも任せてもらえません。「挨拶くらいはやってる。早く他の話題を」と言われてしまいそうです。ですが、ちょっと待ってください。

今言ったような場面では挨拶をするものの、近所ですれ違う人との挨拶、朝散歩をしていた時に会った人との挨拶、自宅マンションのエレベーターで会った人との挨拶はどうでしょうか？　こうなると、ちょっと二の足を踏んでしまいませんか？

無理もありません。前に記したものは、**「仕事」**です。仕事で付き合う相手ですから、挨拶をします。挨拶をしなければ評価に関わることもあるでしょう。これから毎日会うのに気まずくなることもあるでしょう。

しかし、後に記したものは、**プライベートな場面**です。今や、ご近所付き合いをしなくても生活できる空間が多くなっています。ご近所の方と毎日顔を合わせるわけでもありません。

そんな時に、考えていたことを止めてまで、または聞いていた音楽を止めてまで、挨拶をしますか？　しかも、付き合いがそこまで深くない相手に。

国民教育の師父と言われた森信三（京都帝国大学哲学科。1896年〜1992年）は、生前「挨拶をする、靴を揃える、返事を『はい』とする。この三つができていれば生きていける」と言って、教師を志す学生を指導していたそうです。この三つさえできれば「生きていける」と言えてしまうところもすごいですが、挨拶がこれほどの重みを帯びるとは、筆者は驚きました。

ということは、プライベートな時間になっても挨拶はした方がいいということになると思うのです。まして、教室で子どもに指導する教師という立場。職を終えたからと言って挨拶をおろそかにはできないですね。

こんな話をしてしまうのは、筆者にも経験があるからです。休日に近所を歩いていると、明らかに小学校の教師らしい人が通ります。こちらが挨拶をしても返してくれません。なぜ、その人が教師か分かるかというと、子どもの小学校に度々、参観で行く時に見かけるからです。その方も、出勤前であれこれと考えている最中だったかもしれません。何か大変なことを抱えていて、そのことで頭がいっぱいだったかもしれません。でも、挨拶をしたら返すことが、本当にできないのでしょうか？

中日ドラゴンズの元監督の落合博満氏が、自身の本『采配』の中で語っていました。「我々の時代は遠征先の宿舎は大概が大部屋雑魚寝だった。今は、ホテルの一室が一人ずつ与えられている。だから練習後の時間に何をやっていようと、監督、コーチが出しゃばることはない」と。これも時代の流れなのでしょう。つまり、練習が終わった後は、勤務時間外ですからプライベートな時間なのです。しかし落合氏が若い時代はそんなプライベートな時間も人とコミュニケーションや挨拶をせざるを得ない状況だったということです。

教師の世界に話を戻します。プライベートな時間でも、挨拶はしなくていいのでしょうか？　たまに会うだけの相手だからと言って、帰ってきた時に会ったら「お疲れ様です」「暑い一日でしたね」これくらいの声もかけられないのでしょうか？

もちろん「やらねばならないこと」ではありません。ですが、普段からやっていない人が、仕事の時だけ、きちんとした挨拶ができるのでしょうか？

ここは大いに疑問です。筆者も数々の研修を受けてきました。その中で度々言われたのが、**「教師の仕事には人間性が出る」**ということです。プライベートな時間でも、できることはあります。なにも長い挨拶をする必要はありません。挨拶をして、気持ちいい仕事をしていきましょう。

**Point**

・短くていいので挨拶をする
・プライベートでも、普段会う人と挨拶をする

# 7 目線を意識して授業を始める

## 演劇に学ぶ授業の始め方

授業開始の一言目。最初の動作。これらを意識せず、ただなんとなく始めている方が多いのではないでしょうか。

ドラマでも、映画でも、芝居でも、開始の何秒かで客を惹きつける工夫で満ちています。

筆者は劇団四季をよく観に行きます。すると、最初のオーバーチュア（オープニング）がすごいのです。いきなりたくさんの動物たちが客席の後ろから出てきたり、魔神が魔法を使いながら出てきたり……お客をまず物語の世界に引き込むのです。観ていると本当に引き込まれて、もう外界とは違う空間になっています。客席からの途中退席をあまり認めないのも、その空間を壊してしまうことになるからだと思います。

授業でも、ここまでの意識ができないものでしょうか。このことにも、またまた反論があるかもしれません。「いやいや、それは演劇の世界でしょう。ここは教室です。児童や生徒が学習する場。別物です」……実際に、このような言葉を聞いたこともあります。若い頃は、それでなるほどと納得していました。しかし今なら、このように反論します。「確かに、演劇の世界と教室は異質のものである。しかし、聞き手（子どもたち）を惹きつけて、内容を伝えるということに関しては、同じではないか」と。

**「異業種からも、いいものは取り入れて真似ていきましょう」**というのが筆者の主張です。それとも、教育はそんな異業種とは一緒にできないというのでしょうか。あるいは、児童・生徒を惹きつけることをして授業を始めたら、何か不都合でもあるのでしょうか。

## 目線はどこを見て始めるのか

話を目線のことに戻しましょう。皆さんは、どこを見て授業を始めますか？

筆者の尊敬する、とある先輩の先生が授業をすると、常に見られているように感じます。

Day 1
Day 2
Day 3
Day 4
Day 5

例えば、遺影を思い浮かべてください。あの写真を見ていると、正面から見たり、少し横に立って見たり、斜めから見てみたり、どの角度から見ても故人と目が合っているように感じませんか？

まさにあの状況なのです。これなら、子どもが惹きつけられるわけだと感じました。

ではそのために、先生はどこを見ているのか。人の目は、全体を見るということはできません。俯瞰的に教室を見ることもできませんし、仮にできたとしても、そういう目線で、授業の受け手である子どもたちは「自分を見ている」とは決して感じないものです。

答えを言いましょう。**授業開始の15秒で、一人0.5秒くらいずつ目線を合わせる**のです。人間、一度見られると、その後もずっと見られていると感じてしまうのです。

ずっと子どもを見ている、子どもと目線が合っていると感じさせる授業の達人は、このような技を使っていました。しかし、これもすぐにできるものではありません。まずは、一人と1秒ずつ目線を合わせることから始めてみましょう。

また、自分が今できないことでも、**「あの目線になりたい」というモデルをつくる**ことが何より大事です。野球少年がスター選手のバッティングに憧れるようなものです。今できなくても、モデルをつくって「どうやるのかな」と試行錯誤していれば、いつかはできるようになります。この試行錯誤が私たちを強くしていくと信じて、筆者自身もいろいろな目線を真似しています。学ぶは真似るです。

**Point**

・開始の目線で惹きつける
・自分が真似したい目線の人を見つけて、真似をする

# 8 授業スタイルから見直す

## 目線の前に、授業スタイルを改めた

セミナーなどに参加すると、講師の先生と目を合わせたくなるものです。筆者の場合、「話し方を学びたい」「算数などの教科の指導法を学びたい」「どうやったら○○できるのか」など、自分が困っている時にセミナーに参加することが多いので、余計に講師の先生と目を合わせたくなります。

その時、話し方の上手な講師の方であれば、セミナー中に必ず目が合います。

これは、すごいことだと思いませんか？　セミナーの規模にもよりますが、多ければ500人くらいが聞きに来ているのです。そこで目が合うとは、どんなスキルを使っているのだろうと気になりました。

教室の中は児童が30人くらいです。その子たちと毎時間目が合うようにするのは、至難の技です。どうしても、特定の人とならば目が合うという状況になってしまいがちです。

これは、**発言をしている子とだけ目を合わせている**ことが原因です。

授業の形式として、教師が「この問題、分かる人？」と聞いて、子どもが挙手をする。この場合の挙手は大概全員ではありません。自信がある子に限定されることがほとんどです。そして、その子の中から教師が指名した子が発言する。

まずは、**こうした授業スタイルに警鐘が鳴らされている**のです。これでは、発言者だけしか参加ができません。

「いや、座って聞いている子も授業に参加している」と言われそうですが、果たしてそうでしょうか。座って聞いていても参加できる子が、クラスにどのくらいいるのでしょうか。

そして、1時間の中で、何度も教師が「分かる人？」と聞いて、手を挙げる人が固定化されている。こんな状況で進んでいくと、手を挙げない子はずっと聞き役になります。

この子は授業に参加していると言えるのでしょうか？

発言をするということは、緊張するものです。塾で予習をしてきたり、家庭学習で既に学習を積んだりしている子は別ですが、そうでなければ、なかなか自信を持って発言することは難しいものだと、まずは自覚すべきです。教員の研修会やセミナーでも、「質問はありますか」と聞かれて、会場で手を挙げて質問する人が何人いるでしょうか。大人でも大勢の前での発言は緊張するのです。

ですから、**発言の機会を、常に回ってくる可能性のあるもの**にしなければなりません。

例えば、

では、この問題について、この列、考え方を言ってもらいます。全員立ちます。

と言って、列ごと立たせて片っ端から発言させていく方法があります。他にも、教師がいきなり無作為に発言を求めるというやり方もあります。これなら、いつ自分の番が回ってくるか分からないので、子どもたちは発言を準備します。

このようなやり方で、なるべく**挙手からの発言システムをやめていく**と、自然と多くの子と目が合うようになりました。

## 一人ずつ目線を合わせるには

そのうえで、ステップ7でも述べた「一人と1秒だけ目を合わせる」のが有効です。短いように思えますが、実際にやってみると、1秒は目を合わせるにはちょうどいい長さです。ただし、その1秒は、**相手に顔を正対してきちんと見る**ことが大切です。教室に30人の子どもがいても、30秒しかかかりません。

高学年になってくると、子どもに話を聞く力がついてくるため、講義形式の授業が多くなります。そんな時に、特定の人とだけ目を合わせているようでは、置いてけぼりな子をつくってしまいます。

**Point**

・授業スタイルを、挙手発言制からいろいろな発言スタイルへと改める
・一人1秒、きちんと正対してみる

# Day 5

# 「自分の話し方」を見直す

# Day 5 「自分の話し方」を見直す

私たち教師は、話をする仕事です。どんなに授業のデジタル化が進んだり、GIGAスクール構想が進展しても、言葉を使って伝えることは消滅しないと言えるでしょう。そうであれば、話し方を見直す必要があると考えるのです。

仲のよい仲間とおしゃべりしているのであれば、それをいちいち振り返る必要はありません。たとえ言い方が多少荒くても、ちゃんと伝わるからです。しかし、自分の伝え方によって相手の学力が変わってしまうのであれば、それは振り返らなければなりません。

この章では、そんな自分の話し方を振り返るためのツールをいくつか提示してみたいと思います。振り返るということは、反省の連続です。もちろん、初打席からヒットが打てれば理想ですが、おそらくはじめは凡退ばかりでしょう。

その凡退も、内容をよく見て、失敗したことを振り返り、次にはより伝わりやすい言い方をする、ということを繰り返していってこそ、進歩があると思うのです。

まとめの章として振り返りをしつつ、この本を締めくくれればと思っています。
皆さん、お付き合いください。5日目スタートです。

STEP1 自分の声を録音して聞いてみる
STEP2 「まくら」を気にしてみる
STEP3 口ぐせに気を遣う
STEP4 短く話す練習をする
STEP5 原稿なしで話す力を鍛える
STEP6 自信を持った話し方を身につける
STEP7 「しまった」からの話し方を身につける
STEP8 明日はどんなことを話そう

# 1 自分の声を録音して聞いてみる

## 自分に対して客観的な見方をするために

よく、職員室に帰ってきてこんな会話をします。

「この前提案した、国語の授業、できた？」
「できたよ。このプリントを使うと子どもがどんどん意見を言っていたよ」

このような会話をしていて、一抹の不安を覚えました。本当に子どもがどんどん意見を言えていたのか。それは独りよがりになっていないか。別の角度から見れば、明らかに問題点が上がっているのではないか、と。

この場合、話しているのは自分の記憶です。それでは、全てが客観的だとは言えません。

研究授業を考えてみてください。どんなに自分が「完璧だ」と思っても、必ず、参観者から「あの資料では子どもは分かりづらそうにしていた」「もし、あの子が発言した時、そこを先生がつっこんで聞いていたら、別の気づきがあったと思う」などと言われますね。つまり、自分を客観的に見て、厳しく授業内容を見直すことには限界があるのです。

しかし逆に、常に誰かに自分の授業を見てもらって批評をしてもらうことなど、本当にできるでしょうか？　もしそんな指導教官がいるとすれば、相当に運がいいだけです。99％の職場にはいないでしょう。

だから、せめてもの措置として、**ボイスレコーダーで自分の授業を録音して聞いてみる**のです。そうすると、本当にいろいろなことが見えてきます。

発問のダメさ加減、資料を提示する時のタイミングの遅さなど、聞いていると気づいてしまって、なんでもっとテンポよくできないんだと、聞きながら突っ込んでいます。

## 声を録音すると、話し方に意識がいく

やってみると分かりますが、自分の声を録音すると、話し方を意識せざるを得なくなり

Day 1 Day 2 Day 3 Day 4 Day 5

ます。ボイスレコーダーのスイッチを押したその瞬間から、あなたの授業は記録されるのです。記録されるということは、人に聞かれる可能性があるということです。筆者は、月に一回のサークルにそれを持ち込んで、「いけないところを指摘してください」と言っています。大人に聞かれるとなると、とても緊張感が出ます。こうなると、自ずと話し方に意識が向きます。「ただなんとなく」は通用しなくなるのです。

考えてみれば、こんなことをしなくても、毎日子どもたちには声を聴かせているわけです。しかし、**子どもたちは私たち教師の話がいいのか、悪いのかをうまく表出できません**。もちろん、うまく伝わらないと手遊びをしてしまったり、隣の人にちょっかいを出したりする子もいますが、そうではない子は、健気に一生懸命に聞こうとしてくれるのです。また、「いったい何が分からないのか」を自己分析して言語化できる子どもは多くはないでしょう。授業で活動を仕組むと、多少授業の内容がよくなくても、授業そのものは流れてしまうのです。

こうなると、授業に対する適正な評価が得られるかは疑問になります。

　ですから、**授業を客観的に見てもらう**ことの重要性がますます高まります、声を録音したり、大人に聞いてもらったり、もし余裕があればビデオ撮影をして見てもらったりするのがいいでしょう。

　ポイントは、自分の話し方を客観的に見られる場所をなるべくつくりましょう、ということです。そのための一番の近道が録音なのです。

**Point**

・録音した自分の授業を聞いてみる
・自分の授業を客観的に見られる場をつくる

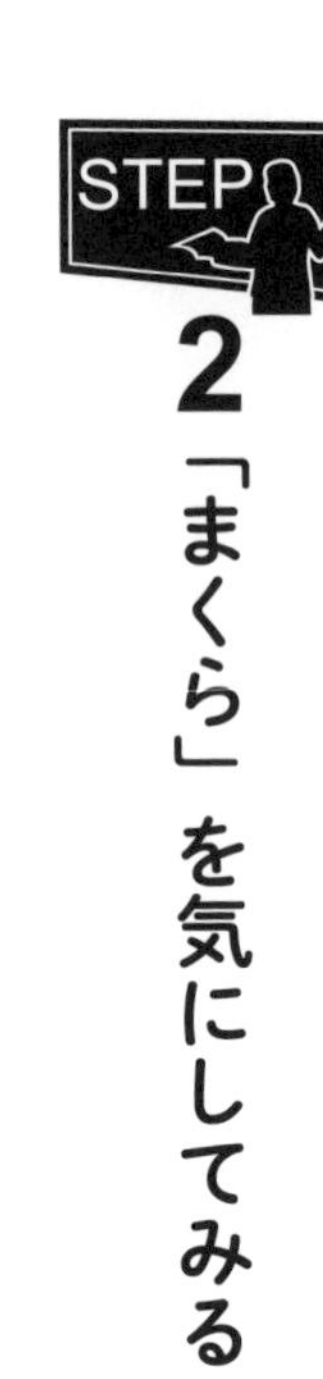


# 2 「まくら」を気にしてみる

## 話のはじめのレパートリーがありますか？

授業に限らず、話のはじめは、どんな話題から始めているでしょうか？

どんどん泉のように話題が湧いてきて、それも相手に合わせて盛り上がる話題を提供できるような方には、愚問かもしれません。しかし、少なくとも筆者はそうはいきません。

この場合の「話のはじめ」とは、慣れた友人や家族など、どんなことを話しても会話が続く人のことを対象にはしていません。どちらかと言えば、初対面の方や、仕事仲間、取引先の相手、散髪に行った先の理容師・美容師など。自分が面と向かって話す状況になった人のことを対象にしています。友人でも、久々に会う友人などはこの仲間に入るかもしれません。

このような相手に対しては、「最初の話題」に少し気を遣います。まして、初対面の方の場合、いきなり趣味の話をしても、その趣味に興味がなければまるで無意味です。

状況にもよりますが、よくあるのが**「天気の話題」**ですね。天気、気象情報はみんなに共通ですから。

- 近頃、蒸し蒸ししますね。なんだか夏が早めに来たような気候で。
- 急に涼しくなりましたね。夜寝る時の布団を変えましたよ。

このような話題を最初に持ってくると、相手を話題に引き込むことができます。

また、**今日着ている服**に注目した話もありますね。「青いシャツがお似合いですね。夏らしくていいですね」など。

その他には、**住居や出身の話**など。特に相手が女性ならば、この手の話はいいかもしれません。「お、島根のご出身ですか？　島根のどの辺りですか？」など。

こうしたことを気にして話を始めると、これが意外に、授業でも生きてくることがあるのです。

例えば社会科の授業を始める時、

「『長野県』と言ったらなんですか？」
「長野はおばあちゃんの田舎があります」

のように、クラスに30人もいれば、県名一つ出しただけで大概、その土地にゆかりのある子や、旅行に行ったことがある子がいるものです。その子をとらえて、

「へえ、長野には○○さんのご親戚がいるんですね。その長野でとれたキャベツ。今日はその授業です」

などと言って授業開始。途端に子どもたちが興味を示します。

教室では、このように県名を引き合いに出して話してみると、子どもを惹きつけやすいです。県名を学習するのは4年生以上ですが、学習前でも効果があります。なぜなら、旅

行に行ったり、夏に田舎に帰ったりする子たちはいるからです。

## もともとは落語の「まくら」から

「まくら」というのは、落語の最初の話題のことです。3日目でも少し触れましたが、このまくらで、落語家は本当に聞き手を惹きつけるのです。

まくらでは、**誰もが身近な話題**から触れていることが多いです。聞きに来るお客さんはいろいろな知識を備えた方から、全くの初めての方まで千差万別。でも、その人たちを話に乗せていかなければならない。そのための「まくら」です。

教室でも、同じような光景があるのではないでしょうか。勉強が嫌な子、塾で学んできたことを披露したくてうずうずしてる子、地域の運動クラブの活動で疲れている子……。この子たちを一斉に話に乗せる「まくら」を、私たち教師も身につけていきたいです。

**Point**

・天気・服・県名など、話し始めの話題のレパートリーを増やす
・落語の「まくら」を真似てみる

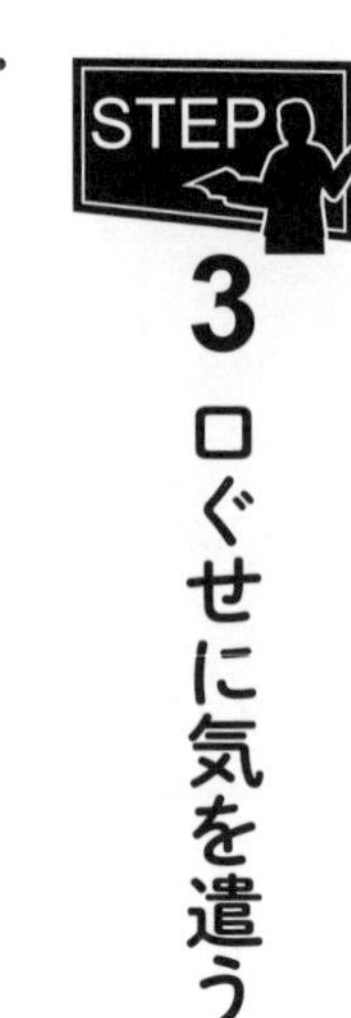


# 3 口ぐせに気を遣う

## 人の口ぐせにはよく気づく

人にはそれぞれ「口ぐせ」というものがあります。本人が知らず知らず口ずさんでいる言葉です。聞いているとよく気づきますよね。愛嬌のある言葉から、ちょっとクセのある言葉まで、耳につくとなかなか離れないものも中にはあります。

ただ、あまり人に不快な思いをさせる口ぐせには注意したいものです。

例えば、筆者の同僚の一人に「たしかに」というのが口ぐせの人がいます。何か授業の提案をしたり、困ったことでアドバイスを聞かれたりする時に「たしかに」と言うのです。話していて「先生、『たしかに』って口ぐせではないですか」と言ったら、「あ、分かりました？　私、よくそれ言うらしいんです」と。本人はなかなか気づかないそうなのです。周りの人から指摘されて気づくことが多いのです。

筆者にも口ぐせがあります。最近、周りの人から言われるのは、「これって、そのままでいいですかね」「もとい、もう一度やりますね」です。これは、言われて初めて気づいたことです。こういう言葉を子どもたちは日々聞いているということを忘れてはいけません。そして聞いたらどう思うかを考えなければなりません。

## そもそも口ぐせは何の表れなのか

ついつい自分の口から出てしまう「口ぐせ」は、思っていることの表れなのでしょうか？　これも、そう簡単なことではないようです。どうやら、**思考、感情、行動**の三つが連動して表出されるものだそうです。

- ○○すべきと考えている（思考）
- 自分が焦っている（感情）
- 言葉として出る（行動）

のようにです。筆者も以前、教室を移動する時などによく、「早くしなさい」というフレ

Day 1
Day 2
Day 3
Day 4
Day 5

ーズを使っていました。これに当てはめれば次のようになります。

・移動は早く準備するべき（思考）
・準備ができていないことにイライラ（感情）
・言葉に出す（行動）

しかし、言われた方はこれで何か成長するでしょうか。「先生に言われるから早くする」という思考回路から抜け出せず、いつまで経っても指導者の指示待ちという状況になってしまうのです。本当ならば、いずれは「自分で時計を見て、気づいて行動する」というように行動を変えていって欲しいはずです。

移動教室の時に準備が遅い子は多くの場合、次の行動に気づけていません。そして、目の前の遊びに夢中になっていたり、友達とのおしゃべりに夢中になっていたりします。

**次の時間は音楽です。まず何をしますか。**

のように、次の行動に気づかせる声かけをするのです。

掃除の時間になっても掃除ができない子への声かけもそうです。「掃除をしなさい」「早く掃除しないと」ではなく、「掃除の時間です。まず、場所に移動しましょう」など、**望ましい行動に移れるような声かけ**をするように心がけます。

これらの行動に対して「早くしなさい」などと声をかけてしまう時は、大概教師が焦ったり、怒ったりしています。そして、「なぜ時間なのに、行動に気づかないんだ」と、気づかない、気づけない相手の状態を責める心理状況になっています。

私たちは「教諭」なのですから、教えて終わりではないのです。教え、分からせる（諭す）ことまでして初めて仕事なのです。ですから、「何をしたらいいのか」を教えてあげるのが教師の仕事だと考えます。

**Point**

- 自分の口ぐせに気づく
- 望ましい行動を言葉にする

# 4 短く話す練習をする

## 他の仕事で聴衆を集めようとしたら大変

考えてみてください。教師という仕事は、常にお客さん（ギャラリー）が来てくれるのです。もちろん、毎日です。これは、真打の落語家や、劇団員からすればすごいことです。とにかくお客が集まらないのですから。

それが教師というだけで、毎日必ず話を聞きに来てくれる人がいる。このすごさを、自分で受け入れないといけません。そして受け入れると、聞いてくれるお客さんに、よりよい話を届けようという気持ちになるはずです。そして、明日からの授業も楽しみになりませんか？　どんな話を聞かせて驚かせよう。あっと言わせよう。そんなことを考えながら授業準備をするとウキウキします。

## 大勢のお客に何を聞かせるか

ウキウキしながら授業準備をしたら、あとは授業です。それも、とても面白いものが理想的です。授業が楽しければ、学校に来られなくなってしまう子や、モンスターペアレントなどいなくなるのではないか、とすら思えます。


では、何を聞かせればいいのでしょうか？

大勢の前で話すのですから、きちんとした内容を準備して臨まなければなりません。しかし、相手は小学生です。話は1分くらいしか聞いていられないのが実情です。

こういう時、感情を込めたり、抑揚をつけたりして、長々と話しても意外とうまくいきません。集中ができないのです。

大勢に話す時は、**むしろ言葉を短く、淡々と話す方が効果があります**。特に、すぐ飽きてしまう小学生には、次々と作業指示を与えます。「教科書を開きます」「立ちます」「〇ページから読みます」のようにです。

この方が、与えられた指示をどんどんやればいいわけですから、楽しくできるのです。

できたことが先生に褒められれば、さらにやる気が出てきます。

つい、セミナーなどで素晴らしい講演を聞くと、その話し方を取り入れてみたくなりますが、それは大人の話なのです。

**小学生は、話の内容のクオリティよりも、どんなことをさせてくれるか**なのです。これが中学生、高校生ならば、またやり方が変わってきます。話す相手によってやり方を変えていきましょう。

## 練習も必要

さて、お客さんがいることのすごさを感じ、相手に合わせた話し方を考えたあとは**「練習」**です。

教室でどのように話すのか。どの位置から話すのか。これを一人で練習します。毎日ではなくても、月に一回、それも難しければ二か月に一回でもやることをお勧めします。

声は伝わっているか。はっきりした声量で話せているか。先に紹介したボイスレコーダーで話を録音するのもいいでしょう。これは、一対一の話とは違います。そのことを意識しなければ、何を言っているのか聞き取りづらくなってしまいます。

練習をする時にも、とにかく言葉を短くすることを意識します。

一対一の話し合いではないのですから、長い話は聞いていて落ち着きません。長い話を聞いていると、「いいから、何するのか早く教えて」と言いたくなります。ですから、練習の段階から、短い話を意識していきましょう。

特に、自身の専門的な分野ほど、教師は長く説明したくなります。ですが、講演会でもない限り、ギャラリーはそこまで興味を持ってくれません。**話は早く切り上げて次に行く**。これも学校ならではの話し方です。

**Point**

・大勢に話す時には、言葉を短くする
・話し方の練習をする

# 5 原稿なしで話す力を鍛える

## 原稿はあった方がいい？　ない方がいい？

話す時に、原稿はあった方がいいですか。ない方がいいですか。

聞いている人のことを考えてみましょう。原稿があると、「話すことをきちんと準備してくれたんだ」と感じる人もいるでしょう。一方で、「原稿の棒読みだな」と感じる人や、私たち聞き手を見てくれていないと感じる人もいるでしょう。

逆に、原稿がない状態だとどうでしょうか。もしスラスラと話せていて、相手の方もきちんと見ていたら、「話を聞き手に届けてくれた」となるでしょう。話す時にいちいちつっかえていたり、「えーと」と間に挟む言葉を連発していたりしたら、「もうちょっと準備してから話してくれないかな」と感じると思います。

では、普段の授業ではどうでしょうか。理想を言えば、原稿を見ないで、それでも準備したことは頭に入れて、聞き手を見ながら話すのがいいということになりますね。

もちろん、これが常にできるといいのですが、現実はなかなかそうはいきません。だから、普段から鍛えておく必要があるのです。

## 箇条書きでメモを作っておく

どのような鍛え方がいいのかは、人それぞれです。というのも、話を聞かせるためには、話し手の中で内容を膨らませなければなりません。その**膨らませ方**に練習が必要なのです。例えば、結婚式のスピーチなどを聞いていると、話の膨らませ方が上手な方は聴衆の手も思わず止まり、聞き惚れてしまいます。

では、どうすればいいのでしょうか。

筆者がお勧めするのは、**普段から話す項目だけをメモしておく**ことです。そして、実際にその項目に合わせて話をしながら、内容をつくり上げていきます。これが、話を組み立てる訓練になります。

この方法で普段から鍛えることで、授業でも話が膨らませられるようになります。

前項で、「話は短く」と述べました。確かにそうですが、小学校高学年、もしくは、中学校、高校と、話を聞くことができる集中力を備えた児童・生徒たちが相手であれば、ある程度内容の濃い話をしていけるようになります（もちろん、ケースバイケースではありますが）。その時に、**メモから話を膨らませる**力が生きてきます。

## 普段から、どんなことが話せますか

たくさんの人の前で話をしてくださいと頼まれた時、どんなことが話せますか？　これも、「この話題なら話せる」という内容を持っていると強みになります。

歴史のことなら話せる、スポーツ全般について話せる、本のことなら何でも話せる、音楽なら……。

このようなことには、それまでの人生が多々影響します。ですから、学生時代、若い時などにどんな経験をしてきたかが重要になってきます。その時代に、あまり生産性のない過ごし方をしてしまうと、社会人になった時に語れることがないのです。これは悲しいことですね。ですから、どんなことでもいいと思うので、何か熱中できるものを持っておくことが大切です。

周りの人から見れば一見、「どんな魅力があるの?」と言われそうなことでも、本人にとっては魅力満載ということは多いはずです。自己満足でもいいのです。趣味でも何でも、そういうことこそ、人に語った時に宝石のように輝くものになります。そして、熱中できることがあることが、人生に彩りをつけてくれるのではないでしょうか。

**Point**

・項目だけを準備して、話をしてみる
・熱中できるものを持つ

Day 1
Day 2
Day 3
Day 4
Day 5

# 6 自信を持った話し方を身につける

## 自信を持った話し方

自信を持った話し方。自信のない話し方。この二つを比べたら、当然、自信を持った話し方の方がいいですね。聞いている方も、自信を持って話してくれる人に何かを頼りたくなります。

例えば、何かにお金を払ったり、契約したりする時などは、もちろん商品の良し悪しもありますが、最後には**販売する人の「自信を持った話し方」に身を預けて、決めている**ことが多いと思いませんか？　このくらい、自信を持って話すことは大切なのです。

それなのに、どうして自信のない話し方が出てきてしまうのでしょうか。次はそこを考えてみましょう。

## 自信のない話し方

筆者の経験から話します。

自分の車を購入する時。複数の販売店に行きました。その一つで、入店すると、「どんなお車がお好みですか」とアンケートをされた店舗がありました。

私たちは、毎年家族四人で島根県に車で帰省しますから、少し大きめのものがいいと思っていました。帰省した時には、家族以外の人を乗せることもあります。そこで、「七人乗りで、三列シートのものを探しています」と書きました。

しばらく待たされてから、担当の店員さんが説明してくれました。残念ながら、その店員さんは、私たちの質問には、あまり答えてくれませんでした。「いや、ちょっと分からないんです」「すみません。確認します」といった受け答え。「七人で乗りたいのですが」「長距離を移動するから力のあるものがいいのですが」などといった、こちら側の質問に対しては、あまり的確な答えが返ってきませんでした。

では、どんなことになら答えてくれたのかというと、

「今、事故を未然に防ぐシステムが搭載されていて、これなら運転中うっかりしてしまっても、自動でブレーキ制御ができます」

「車線変更の際に、隣の車線から車が来ていることをアラームで知らせてくれます」


そういった、システムの話は詳しく教えてくれたのです。

つまり、私たちの要望するタイプの車はこの販売店には無かったということです。だからこの返答が「自信のないもの」に感じられて、そのお店では契約はしませんでした。今思えば、「お客さんの希望する、七人乗り、三列シートは当店ではございません。申し訳ありません」とはっきり言ってくれた方が、答えとしては自信を持った言い方に聞こえたはずです。そうすれば、私たちもすぐに他の店に当たることができました。

要するに、**聞かれたことに対して知識がない時**、人は自信のない話し方になるのです。

教室に話を戻します。だから私たちは、子どものこと、教科のことをしっかり勉強して、

その知識を蓄えておかなければならないのです。そうしなければ、保護者と話している時、「すみません。そのことは分からないので」などと答えてしまい、自信のない先生だなと思われてしまいそうです。そんな先生に自分の子どもを預けたいと思いますか。

## 分からないことがあったら

そうは言っても、全てのことに精通するのは難しいのも確かです。自分が知らないことや、専門分野ではないこともあるのです。そうした時には、よく知っている同僚に同席してもらって話を聞く、または、はっきりと、自分はそのことに対して知識がないことを伝え、「いつまでに詳しい者とお話をします」などと話すようにします。**仲間の力も借りて、自分の自信のない分野について補填してもらう**ということも大事です。

**Point**

- 自信のある話し方をするためには、きちんと勉強しておく
- 自信のない分野については仲間の力を借りる

Day 1
Day 2
Day 3
Day 4
Day 5

# 7「しまった」からの話し方を身につける

## 「しまった」と思った時にまずやること

このように感じること自体、なるべくないことを祈ります。しかし、時には起きてしまうものです。預かっていた書類を紛失してしまった。子どもが話しかけて来たのに、忙しすぎて「今それどころじゃない。ちゃんと並んで」と相手の話も聞かずに指示をしてしまった。授業で間違えたことを教えてしまった、など。

後悔しても時間は戻らない、なんて考えたことはありませんか。

このような時、大抵の場合は人に迷惑をかけてしまうので、話し方にも気を遣います。しかし、自分が動揺していると、きちんとした話し方ができません。そのような場合に、どうすればいいのでしょうか。

まず、**迷惑をかけた相手の心を落ち着かせる**。また、**自分の心も落ち着かせる**。私はこれを考えます。動揺した状態で何をやってもうまくいきません。

そのために謝ります。心から。そのうえで、今自分にできることをしっかりと考えます。どんな失敗についてもそうなのですが、とりあえず「できること」があるものです。

先の例で言うと、重要な書類を紛失してしまったなら、預けてくれた人に謝る。失くしてしまった状況を報告する。代わりのものを準備するために、書類を作成する。いつまでに作成しなければならないのか、期限を確認する、など。

もちろん、失敗にも限度はあります。児童の個人情報など、取り返しのつかないものを紛失してしまうとどうしようもありません。そういったものは、全身全霊をもって紛失しないようにしなければなりません。

ここで言う書類とは、もう少し程度の軽いものです。校外学習の届出の書類、教育委員会への提出書類、職員会議への提案文書など、代わりが利くものです。ですから、その代案を自分が実行できるという前提で話を進めます。

## 「しまった」と思った時の話し方

「しまった」と思ったことを相手に伝える時、自分の動揺を出して伝えてしまっては、

Day 1
Day 2
Day 3
Day 4
Day 5

相手も動揺します。ですから、自分をきちんと落ち着かせてから話すようにします。

また、落ち着いて伝えることで、伝えた相手から思わぬ代案があがることもあるのです。

例えば、

「すみません。この間の教育委員会へ提出する書類、書きかけのまま、間違えて捨ててしまったのです。もう一度作成します」

「そうですか。でも、あの書類なら、誰でも印刷できるようにパソコンに保存してあるはずですよ」


のように、自分が気づかないことでも、人に相談すると代案が出てくることもあります。

人に相談できない。困ったことを言えない。これ自体が悲しいことですよね。人間ですから、ミスはしてしまいます。ですから、人にきちんとミスを伝えられること。これが大事です。

筆者の場合は、違う考え方でも自分のミスを曝け出して、人に相談しています。**人の知恵を借りる**のです。もちろん、自分だけで悩むことも大事です。人に相談したり、弱みを見せたりする前に、まず自分で行き着くところまで行ってみる。それで行き詰まったら相談するようにしています。行き詰まったら迷わず、

**ここまでやったんだけど、あとは無理だ。知恵を貸してくれないかな。**

と声をかけるのです。

そうした方が、「そんなやり方があったんだ」と、人の知恵が自分の学びにもなります。そうすることで、自分のやり方をどんどんバージョンアップできるのです。

皆さんはどうですか。「しまった」と思った時、人に相談していますか？

**Point**

・まず、自分の心を落ち着かせる
・人に知恵を借りるという意識で聞いてみる

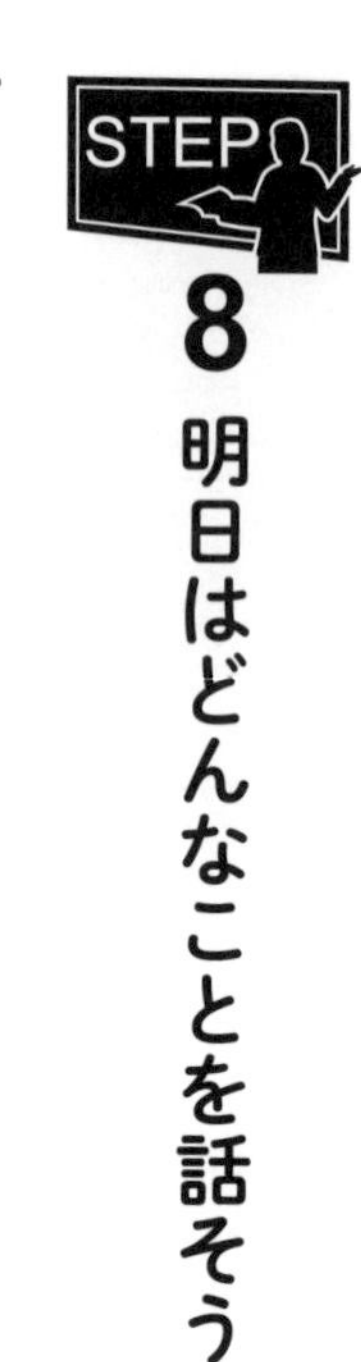


# 8 明日はどんなことを話そう

## 教師になった人は

教師になるような人は、子どもが好き、人の役に立ちたい、などの希望を持っている人が多いと思います。それに加えて、話好きの人が多いというのが筆者の実感です。

それも、一対一の時には何かを語るように話す人。大勢に対しては、自分の持っているネタを話す人。

自分の趣味のこと、明日行う勉強のこと、語って聞かせたい人生訓、自分の専門教科など、いろいろな話すネタをお持ちです。**そうしたことを話して聞かせるために、準備をしませんか**、というのがこの最終項の話です。

この話は、どんな人に届けたいかというと、**最近、仕事がマンネリ化してきた人、辛くて職場に行くのが嫌になっている人**、などに特に届けたいのです。

思い出して欲しいのです。

「〇〇市の教諭の職を任命する」などと書かれた辞令をもらった時、とても嬉しかったのではないでしょうか？ そして、どんな子どもたちに出会えるのだろう、どんな職員の方と出会えるのだろうと、ウキウキしていませんでしたか？

あの時のことを思い出していただきたいのです。もちろん、仕事に嫌気がさしていない人にもこういったことを思い出していただければ、明日の準備が楽しくなると思います。

話す内容が決まったら、早速内容をノートにまとめます。

まずは、お勧めなのが、**とにかく話したいことをひたすら書く**ことです。時には湧き上がるように話したい内容が出てきます。そんな時にはその感情に逆らわず、どんどん書いていきます。

そして、文章にしろメモ書きにしろ、書くということによって、自分の中に溜まっていることがどんどん整理されてくるのです。

何か体裁を整えて書こうとしなくても、とにかく書くことで、自分が何を話したいのか、何を伝えたいのかがどんどん整理されていきます。

## 書くだけ書いてみたら

では、ノートにたくさんの「話したいこと」を書けたとします。

次に行っていただきたいのは、話す内容の取捨選択です。話すことは、人によって伝わり方が違います。ですから、ノートに書いたことを全て話していては伝わらない相手も多いのです。

ノートの内容から、「これだけは話したい」「これだけは、面白がってもらえる」という内容を選ぶのです。それも一つや二つだけに絞るのがいいと思います。

せっかく考えた内容を一つか二つだけに絞るなんてもったいないと考えてしまった方、その気持ちは分かるのですが、聞き手がどんな人なのかを考えてください。聞き手は専門家ですか？　自分より知識が多い人、もしくは自分と同等の知識の人ですか？　学校で話す場合は、多くの場合がそうではありません。さらに、集中力もありません。大人でも、人の話を聞いているのは3分が目安。大人に話す場合でも、「大勢に話す場合は、中学生に話すと思え」と筆者は教えられてきました。それくらい、人の話を集中して聞くということが難しいということなのだと、今は思います。

一つや二つの話にフォーカスし、その一つ二つをとても詳しく話そうとしてください。その方が、面白い話が組み立てられるはずです。

さて、ここまでのことを実践してくださった方。また、明日からの教室での生活が楽しそうに思えてきませんか。

せっかく選んだ教師人生です。楽しくやりませんか？　これが、筆者の最後の主張です。雨の日もあり、晴れの日もあるように、楽しいことも辛いこともあります。今年はどうもうまくいかないという年もあります。

ですが、そこで見切りをつけてしまうのではなく、「どうやったら楽しくなるのかな」と常に考え、一つずつやっていくこと。そのことできっと楽しくなる瞬間が来ます。ほら、皆さんの前には常に皆さんを待っているギャラリーがいるのです。それでは、楽しくいきましょう。明日の子どもたちのために。

**Point**

・明日話すことをノートに書き出してみる
・話すことを一つか二つに絞る

# あとがき

話し方は本当に奥が深いものです。私なんか、日々「どうやったら面白く話せるのかな」と悩んでばかりです。そんな私が、今回の企画の話をいただいた時、どんなことを語ることができるのだろうかと思いました。

ここまで読んでくださった読者諸賢はもうお気づきでしょうが、私こそが話し方が下手でもがいているのです。恐らく、同じ学校の中にいたら、どんけつで下手でしょう。人と話していてもすぐ会話が止まってしまう。昨日話せた人と今日は話せない。本当に、楽しそうに話している人に羨望を隠せません。話一つでどうしてそんなに人を惹きつけられるのだろう。どうやって人の心を掴むのだろう。そんなことばかり考える日々です。

教職を続けていたら、十何年かして、ＧＩＧＡスクール構想なんてものが始まりました。皆さんご存知の、タブレット端末を配布して、それを活用した授業を求められたのです。さあ、いよいよ、一人一人がパソコンに向かうような時代になった。昔漫画で見たような、未来の子どもたちは、教室でスコープみたいなのをつけて、バーチャルな人と対峙している。そして、パソコンに向かって作業を黙々とやっている教室。それが来たんだ、と。

でも、そんな考えは甘いです。話すことは避けられないのです。どんなにICTが発展しようと、それはただ教育の一つの道具であって、子どもたちが（私たち大人も）生きていくうえで話すということは避けられないのです。人のことを観察していて、本当に「人って話す生き物なんだなあ」と感じます。

例えば喫茶店に入るとします。皆さん、いろんな目的で入るでしょう。チェーン店ではあまり見られないのが、会話です。会話があったとしても、せいぜい入店時に、「何名ですか」と聞かれて、「一名」と答え。注文を「ブレンドを一つください」と言う。最近では、タブレットで注文するお店も多いでしょう。

ただ、筆者がよく入るお店は、そうではないのです。機械はありません。テレビくらいです。でも、そこに入ってくるお客さんは、テレビよりも、マスターや、おかみさんとの会話を楽しんでいます。筆者もその一人です。

そのために、毎週、毎日くるお店。会話といえば、「この間、東北に行ってきたよ」「最近、〇〇さん見ないけど元気？」「この間仕事で、小田急線の〇〇駅に久しぶりに行ったら全然変わっていた」……そんな内容の話をしにくるお客さんが絶えないお店です。とても素敵な場所です。来る皆さんは、このようなことをお互いに言い合い、それを楽しそうに話して帰るのです。素敵だと思いませんか？

「いや、これは喫茶店の話であって、教室とは関係ないのでは？」と思われたでしょうか。果たしてそうでしょうか。毎日教室に来る子どもたちは、何を求めているのでしょうか。教室に来るということは義務なので、いやいや来ている子もいるでしょう。それは好んで喫茶店に行くこととは違います。ですが、毎日のことです。無機質な教室でいいのでしょうか。それよりは、会話がある教室の方が楽しくないでしょうか。

朝来たら、タブレットに向き合ってばかりで、教師の話も無視、友達の話も聞かない。ただひたすら何かをカチカチパソコンに打ち込んでいる。これってどうなのでしょう。

そう考えると、やはり話は大事だと思いませんか。人は話す生き物だと思いませんか。

教室に来る子どもたちも、友達や先生との「話」をしに来ているのです。

もちろん学習を楽しみにしている人、休み時間のお絵描きやドッジボールを楽しみにしている人もいることと思います。でも、結局はそこで話すことを通して、楽しみを感じているると思うのです。

だから私たち教師が話し方を身につけていかないといけない。話し方を磨いていかないといけない。そう思って、私の数々の話し方の修行、失敗を書いたつもりです。

もっと上手な方は、まだまだ未熟だなと思っていただいてかまいません。そして私に教えてください。私と同じく修行中の人は、共に模索し、いろいろな話し方を身につけていきましょう。

話し方を身につけて、楽しい教室づくりに邁進していきましょう。共に、教師という職業を楽しんでいきましょう。

末筆ながら、こんな話し下手な私に、このような企画をご提案くださった、明治図書の大江文武さん。本当にお世話になりました。書くことによって改めて自分の話し方を勉強し、人に話すことはどういうことなのかを改めて見直すことになりました。感謝申し上げます。

それでは、この本が、「話し方」に悩む多くの教師の一つの道標となることを祈っています。

２０２４年10月

池畠　彰之

**【著者紹介】**

池畠　彰之（いけはた　あきゆき）

1981年，川崎市に生まれる。

幼少の頃より映画監督を目指していたが，高校生の頃，映画「学校」（山田洋次監督）を観て教師を志す。2004年，４月より川崎市で教師を始める。

数々の失敗を繰り返し，自分の仕事を見直す機会を得る。担任を外れた経験から見たこと，担任以外の視点から見たことをメモをして，そのことが今の授業，教室づくりに役立っている。

また，教職をやりつつ土日に取り組んだ，地域ボランティア，復興支援ボランティア，学童野球の役員，審判では，人と人とのつながりの大切さを感じている。著書に『教師の皿洗い』（新評論，2024年）がある。現在赴任４校目。

５日間で「教師の話し方」を変える本

2024年12月初版第１刷刊　©著　者　池　畠　彰　之
発行者　藤　原　光　政
発行所　明治図書出版株式会社
http://www.meijitosho.co.jp
（企画）大江文武（校正）奥野仁美
〒114-0023　東京都北区滝野川7-46-1
振替00160-5-151318　電話03(5907)6701
ご注文窓口　電話03(5907)6668

＊検印省略　組版所　日本ハイコム株式会社



Printed in Japan　ISBN978-4-18-386621-9